不動産のセカンドオピニオン活用術

一般社団法人
不動産あんしん相談室

CROSSMEDIA PUBLISHING

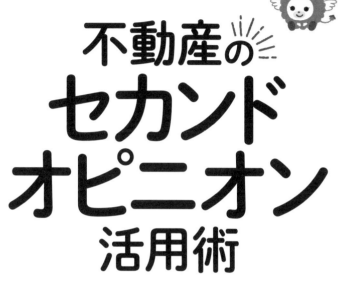

はじめに

この本を手にとったあなたは、もしかすると不動産の心配事がある、もしくはすでにトラブルに巻き込まれてどうしたものかと悩んでいる方もいるかもしれません。

離婚することになってしまい、今の家にこのまま住めるのか不安……
収入が減ってしまい、住宅ローンが払えなくなってしまった……
相続で家族の意見が合わず、揉めている……
貸している土地の地代をきっちり払ってもらえない……など、

不動産は、誰しもが安全・安心な暮らしをするために必要なものであるのに、トラブルが絶えません。その大きな理由が、不動産はとても複雑だからです。しかも、世の中のほとんどの人は、頻繁に不動産を買ったり、売ったりすることはないため、不動産の知識を学ぶ機会がほとんどないのです。

私は大学卒業後、不動産業界に興味を持ち就職したことをきっかけに、これまでさまざまな不動産トラブルに悩む多くの人たちの相談を受けてきました。みなさん、不動産がらみのトラブルでは、長年住んだ家を手放さなくてはいけないのではないか、住む家がなくなってしまうのではないかなど、心底不安を抱えていらっしゃる方ばかりでした。

そのような不安を抱え、困っている方たちに「1つでも多くの選択肢を提案できるようになりたい」「誰でも安心して相談できる場所が必要だ」と想いから、2009年に創業し、不動産トラブルに特化した相談窓口として一般社団法人 不動産あんしん相談室を2019年に設置しました。

今では、想いを共にする各分野のプロフェッショナルと協力し、「離婚にまつわる不動産問題」「住宅ローン滞納問題」「共有持分トラブル」など、さまざまな不動産トラブルの解決をお手伝いしています。

私は、不動産トラブルを解決するためには、次の3つがカギになると考えています。

①正しい知識を持つ
②解決策を知る
③公平かつ安心できる会社を見つける

本書では、「①正しい知識を持つ」ために、さまざまな不動産トラブルの例を紹介しながら不動産の基本的な知識をお伝えしていきます。そのなかで同時に、「②解決策を知る」というトラブルの解決策にも触れていきます。

そして、「③公平かつ安心できる会社を見つける」という点では、セカンドオピニオンの活用方法についてお伝えしていきます。

先ほど述べたように不動産はとても複雑なものです。そのため、不動産業者といっても必ず正しい知識を持ち、良い解決策を提示してくれるとは限りません。また、業者の中には自社の利益のことばかりを考え、相談者の悩みに親身になってくれない会社もあります。そういったことが相談者をより一層不安にさせることにつながっていたりします。

「不動産あんしん相談室」では、そういった不安をなくすためにセカンドオピニオンを推奨しています。セカンドオピニオンとは、主に医療で使われている言葉で主治医以外の第2の医師に意見を求めることです。

同じように不動産でも、最初に相談にした業者からの提案内容に不安があるのであれば、セカンドオピニオンを求めることが重要です。不動産取引は最終的には業者を通じて行うことになりますから、「③公平かつ安心できる会社を見つける」ことができると大きな安心につながります。

本書を通じて、みなさんが不動産の基本的な知識を身につけ、良い解決策と巡り会えるためのセカンドオピニオン活用方法を知り、安心して不動産取引ができるようになれば、この上ない幸せです。

目次

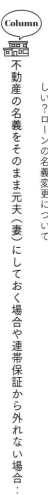

第2章
よくある不動産トラブルとその対処法　お金がない編

第3章 よくある不動産トラブルとその対処法　相続編

第4章 よくある不動産トラブルとその対処法　借地編

第5章 これだけは知っておきたい不動産の基礎知識

第6章 不動産のセカンドオピニオンを活用しよう！

カバーデザイン　城匡史
本文デザイン　金澤浩二
ＤＴＰ　内山瑠希乃

第1章

よくある不動産トラブルとその対処法

離婚編

マンガでわかる!

離婚の不動産トラブル

離婚をすると住宅ローン・家の名義・連帯保証など
様々な家のトラブルが出てきます

スッ
離婚届
これでようやく離婚成立だわ
ポン
修司
レイコ
私は健太と この家に 住み続けるから
あなたは 出ていっても
約束通り 養育費として 住宅ローンの 返済を続けてね
わかった
それは約束しよう
健太
ガチャ

10年後—
ただいま〜
今日も仕事で疲れたわ〜
ふ〜…
ん？
四ツ井銀行から手紙？
なにかしら？
住宅ローンの滞納!?
督促状
修司に確認しなきゃ！
RRR
もしもしレイコか？何の用だ？
銀行から家のローンの滞納通知が来てるんだけどどういうことなの？
すまん…実は仕事をクビになってから
新しい仕事が見つからなくて
……
お金がないんだ

お金がないって言われても困るわよ
健太だって大きくなってお金もかかるし
私だってそんなに余裕があるわけじゃないんだから
そうだよな…
わかったなんとかするから
プツッ
ツーツー…
1ヶ月後
カチャ
今日はポストに何か届いているかしら?
また四ツ井銀行から手紙が…
まさか!
やっぱり…
督促状
また修司に電話しなきゃ
ちょっと修司!
またローン滞納の知らせが届いているんだけど
払ってくれるって言ったじゃない!
申し訳ない
仕事は見つかったんだがどうしてもローン代が工面できなくて……
そんなこと言われても…

このまま滞納が続いたら
競売にかけられて
もうこの家に住めなくなる…
わかったわ！
いろいろ切り詰めればなんとか払えない額じゃないから
私が払っていくわ
本当にすまない
数ヶ月後
ご飯まだー？
グー
ちょっと待って！
あれ？そういえば
ローンは私が払っていくのに家の名義は修司のままなんじゃないかしら!?
うまーい！
私がローンを返していくんだからどうせなら健太のものにしたいわ
どうしたら名義を変えられるのかしら？

離婚をすると
住宅ローン・家の名義・
連帯保証など
様々な
家のトラブルが
出てきます
住宅ローン
家の名義
連帯保証など
もし
「いま離婚を考えている」
「すでに離婚していて
問題になりそう」
という方は
この先を読んで
おきましょう！

REAL ESTATE TROUBLE

離婚で起こる「家」のトラブル

なぜ離婚で不動産トラブルに？ 破産に至るケースも

当相談室に相談に来られて「住宅ローンのトラブルを抱えている」と話される方は、かなりの割合で、本来なら払えるはずだったローンが離婚によって順調に払えなくなり、トラブルになってしまった状態でした。

いわゆる一般的なローン破綻は、収入に見合わない物件を無理して購入していたり、ギャンブルや散財、失業などが原因で資金が足りなくなったりして起こります。

しかし離婚が原因の場合では、慰謝料や養育費、財産分与などで想定外の出費がかかるうえ、夫婦が別の場所で暮らし始めることで短期間のうちに金銭的に大きな変化が起き、十分な収入があっても資産が足りなくなってしまうのです。

日本の離婚率はここ数年、約35％で推移していて、結婚した3組に1組は離婚をするといわれています。これら離婚した人たちのうち9割近くは、話し合いによって条件を決める協議離婚をしています。協議離婚とは夫婦で慰謝料や養育費、子どもの親権、不動産を含めた財産分与を協議してお互いに納得のいく分配を決める方法です。ほとんどのケースですぐには決着がつかず、数ヶ月から長いと数年に渡って話し合いをすることもあるのが現状です。

この期間にも別居中の生活費にあたる婚姻費や、二重の家賃など出費が重なります。さらにこれまで住んでいた住宅を売却する際には、住宅ローンの残債が売却価格を上回っているオーバーローンの場合、オーバーしている分を追い金して一括返済しなくては売却ができません。

〝これまでは問題がなくローンを払えていたのに、離婚によって破産の危機に追い込まれている〟という人は、ほとんどがこのオーバーローンの状態です。

日本弁護士連合会が2017年に発表した「2017年破産事件及び個人再生事件

記録調査」では、約3年間の調査で、住宅購入費を原因として破産に至ったケースが破産者全体の10・26％にも及んだそうです。

実際に現場で相談を聞いている身としても、一般的な資金繰りの悪化以外に離婚が原因となっている割合がこの中にかなり含まれているだろうと感じています。

こうしたタイミングで精神的に追い込まれ、誰にも相談できず「破産するしかないのか」「どうしたらいいのかわからない」と駆け込んでくる方が後を絶ちません。

これまでたくさんのお話を聞き、夫婦おふたりに合わせた解決方法を探すうちに気づいたのは、必要な情報を知る場所がないことや相談できる人がほとんどいないという現実でした。

一見、資金繰りが難しく感じるケースでも、専門家が話を聞いて状況を整理すると対処法が見つかるケースはいくらでもあります。ひとりで悩んでいる時にはどうするか決められなくても、一緒に状況を整理してくれる人がいると未来を考えやすくなるものです。

今まさに悩んでいるあなたも、どうか諦めないでください。本書を通して、これから一緒に解決策を見つけていきましょう。

離婚をしても、連帯保証人は外れない

離婚に関する不動産トラブルのうち、相談がもっとも多いのが**「マイホームの連帯保証人」**についてです。

そのほとんどは〝結婚や出産を機に、マイホームを購入。住宅ローンを借り入れる際に、金融機関から勧められるまま夫を主債務者・妻を連帯保証人にしていた〟というもの。

結婚をした時、または出産時に離婚を前提としている人なんていませんよね。きっと、夫婦でずっと一緒に払い続けるつもりでローンを組んだはずです。

不動産の名義については、正式な手続きをすればすぐに変更をすることが可能です。

夫婦の離婚にともない、「家を誰の物にするか、誰が住むのか」は二人で話し合って自由に決めることができます。

けれどもマイホームの連帯保証人については、離婚したからといって自動で名義が外れることも、夫婦の話し合いだけで保証人名義の変更を決定することもできません。なぜなら、**マイホームの連帯保証人＝金融機関から借りている住宅ローンの連帯保証人**だからです。

連帯保証契約は、金融機関との約束事

先にお伝えしてしまうと、**住宅ローンの連帯保証人名義を外すのは難しい交渉になります。**理由としてはご主人がメインの債務者であった場合、「もしも夫がローンを支払えなくなった際には、代わりに妻が支払います」という契約であるためです。

銀行など金融機関の側からすると、夫婦セットでローンの審査を通した契約から連帯保証人を外す行為はリスクが大きく、承認するメリットがありません。

ただし、この後の項目で詳しくお伝えしていきますが、**「別の保証人を立てる」例え**

ば**「ローンの一部を先払いして主債務者そのものを変更する」**など、連帯保証人だけを外すのではなく別の方法で保証人名義を変えて審査をしてもらうことは可能です。

自分にとってどの方法がベストであるかはローンの残額や主債務者の支払い能力、家族からの援助が得られるかによっても変わってきます。それぞれの例を見ながら、どの方法であれば現実的に実行することができるかを検討してみてください。

また離婚が理由で金融機関に住宅ローンの契約変更を申し出た場合、状況によっては離婚協議書の提出を求められることもあるようです。

審査や確認の手続きには時間がかかることが多いため、揃えられる資料は先に揃え、第一希望の方法がダメだった場合にどうするかも想定しておくと次の動きが取りやすくなります。

夫婦で組む住宅ローン、「連帯保証」「連帯債務」「ペアローン」の違い

住宅ローンを組んでから時間が経っていると、自分が結んだのはどのような契約だったのか、詳しく覚えていない人も多いのではないでしょうか。
主な住宅ローンの融資元と種類、ローンの組み方は以下となります。手元の契約書と照らし合わせて、どのパターンにあたるのか確認をしてみてください。

住宅ローンを組む際の融資元、種類

・銀行などの「民間融資」
・自治体などの「公的融資」
・民間の融資と公的融資の中間、「協調融資」（フラット35）

夫婦で組む住宅ローンは、組み方によって夫と妻それぞれの返済の義務や住宅ローン控除の対象が変わってきます。夫婦がともに団信※1の対象となるかも、組み方で異なります。

【連帯保証】

「連帯保証」とは夫婦のどちらかが主債務者となってローンの返済を行い、もう一人が連帯保証人となる仕組みです。万が一、主債務者が返済を行えなくなった場合や、支払いが滞った場合には連帯保証人に返済の義務があります。ローン返済を〝連帯して保証〟している契約上、主債務者の支払いが遅れ、債権者が連帯保証人に請求してきた場合、「主債務者の財産を差し押さえしてください」「私よりも先に、主債務者から取り立てをしてください」といった主張を行うことはできません。これは、普通の保証人には認められている「催告の抗弁権」や「検索の抗弁権」※2といった権利が連帯保証人には認められていないためです。

また、住宅ローン控除と団信が受けられるのは、主として契約した債務者のみになります。

【連帯債務】

「連帯債務」は夫婦のどちらかを主とした契約ではなく、二人の収入を合算して借り入れの審査を受け、共同で返済債務を負うものです。夫婦で共に住宅ローンを返済する必要がありますが、契約自体はひとつで両者ともに税控除を受けられるため、契約費用を抑えたうえで節税にもなる方法です。

ただし扱っている金融機関が限られ、団信を夫婦ともに受けられるかもケースによって異なります。

【ペアローン】

夫婦で一緒に返済計画を立てる上記2つと異なり、夫と妻それぞれが別に住宅ローンの契約を結ぶ方法です。

例えば6000万円の借り入れをする場合に、夫が4000万円、妻が2000万

連帯保証、連帯債務、ペアローンの比較

	連帯保証	連帯債務	ペアローン
対象者	主債務者 連帯保証人	主債務者 連帯債務者	どちらも債務者
内容	主債務者が返済不能になった場合、連帯保証人が返済義務を負う	債務者と連帯債務者として夫婦2人とも返済義務を負う	夫婦2人が別々にローンを組み、それぞれが別々に返済義務を負う
住宅ローン減税	主債務者のみ受けられる	夫婦2人とも受けられる	夫婦2人とも受けられる
団信	主債務者のみ加入できる	主債務者のみ加入できる ※ケースによっては連帯債務者も加入できる	夫婦2人とも加入できる
所有権	主債務者名義	共有名義	共有名義

円のローンを独立して組むのがペアローンです。それぞれが個人として金融機関から審査され、返済義務も各自で負います。個人ごとに融資を受けるシステムのため、税控除と団信は夫婦ともに受けられます。返済義務も個人に発生しますので、出産などのライフイベントがあっても夫婦ともに継続して安定した収入が見込める世帯に向いたプランです。

※注1）団信（団体信用保険）
団体信用生命保険の通称です。住宅ローンを借りている人（債務者）が、ローンの返済中に万が一死亡したり、高度障害の状態になったりした場合に、その時点で残っているローン返済が免除される仕組みです。本人の代わりに、信用保険会社が住宅ローン残金を金融機関に支払います。

※注2）
「催告の抗弁権」とは、保証人に返済を求めてきた債権者に対して、「まず債務者に請求をすべきだ」と主張できる権利です。
「検索の抗弁権」とは、債務者に返済できる財産があるにもかかわらず返済を拒み、そのことで債権者が保証人に返済を求めてきた場合に、債務者の財産に執行するように主張できる権利です。

オーバーローンでは難しい？ローンの名義変更について

夫婦で組んでいるローンを確認したら、次は金融機関へローンの名義変更が行えるかを照会します。

当相談室への相談で多いのは、「夫が住宅ローンの主な債務者で、妻が連帯保証人になっている。離婚後は子どもがいるため慰謝料や財産分与もかねて妻の名前を連帯保証人から外し、夫のみが住宅ローンを支払い続ける契約に変えたいが可能か？」というものです。

不動産の所有名義を変えたい場合には、法務局に「所有権移転登記」を申請することによってすぐに手続きが完了します。しかしながら、**不動産名義と住宅ローン名義はまったくの別物**で、**簡単に住宅ローン名義の変更や連帯保証人の解消を行うことはできない**のです。

住宅ローンの名義変更を行うためには

住宅ローンを契約する際に結ぶ金銭消費賃借契約には、「住宅ローンの名義変更を希望する場合には、金融機関の承諾を得なければいけない」という内容が記載されていることがほとんどです。

最初に夫婦でローンを組んだ際に妻が連帯保証人で契約をしたのであれば、金融機関側が〝夫の単独契約ではなく、万が一のために妻の支払い能力も見込んで契約をした〞ということになります。

もし当時よりも夫の収入が増えていて、連帯保証人なしでローンが組めるほど収入が安定していれば単独の契約で借り換えができるかもしれません。しかし収入の状態が変わっていない場合や、契約をしたばかりでローンの残債がまだ多く残っている場合には、名義変更に応じてもらえる可能性が低くなります。

住宅ローンの名義変更を行なった実例

それでも、住宅ローンの名義変更自体が不可能な訳ではありません。当相談室に相談にいらっしゃったお客さまの実例として、このような例があります。

・夫が他の金融機関から借り換えて単独でのローン返済に変更

夫が住宅ローンの主な債務者。妻が連帯保証人だったが、他の金融機関へ相談を行い、借り換えを実施。ローン開始から10年が経過し残債が順調に減っていたこと、夫の収入も当時より増えていたことで単独でのローンを組むことができた。

・義両親の協力を得て、ローンの一部を繰り上げ返済。妻の連帯債務を解除

夫と妻の連帯債務契約で、5年前にマンションを購入。相談した当初は金融機関側も借り換えに難色を示していたが、義両親の協力で500万円を繰り上げ返済することによって妻の連帯債務を解除した。

・主なローン債務者を子どもに変更し、妻の名前を連帯保証人から削除

最初は夫のみ単独でローンの借り換えを相談していたが、金融機関の承諾がおりなかった。そこで、すでに成人していた息子が審査を受け、借り換えを実施。妻の名前は連帯保証人から削除。

Column

不動産の名義をそのまま元夫（妻）にしておく場合や連帯保証から外れない場合

離婚を考えて当相談室へ相談にいらっしゃる女性の皆さまに、必ずお伝えしていることがあります。それは、「現時点で会話のできる夫婦の関係性が保たれているのであれば、離婚に向けた時期とその後もできる限り、連絡が取れる程度の関係性は保っていくほうがいいですよ」というものです。

離婚に至るまでには色々な事情があるものですし、感情面においても「慰謝料を受け取り、不動産の問題が落ち着いたらもう連絡なんて取りたくない！」と思われるかもしれません。

けれどもローン名義の変更や、その後の長期間における住宅ローン返済などで（元）夫が関わる契約事項は多いのです。夫の協力がないと名義変更の手続きも行えませんし、住宅ローンの支払いが滞ってしまうような状況では一括での支払い請求や、自宅の競売通知が届いて初めて状況を知るようなケースもあり得るためです。

REAL
ESTATE
TROUBLE

離婚で不動産トラブルになる前にやっておくべきこと

不動産の詳細をすべて把握する

離婚が頭をよぎったら、まず何よりも先に優先して行ってほしいことがあります。それは、夫婦で所持している不動産の詳細をすべて把握すること。

これまでもお伝えしてきましたが、いくら現在の生活が安定していても離婚によるトラブルが起きたことで、破産に至ってしまうケースが一定数存在します。不動産に関しては一度トラブルになってしまうと解決が難しく、後々まで関係者がいがみ合う原因にもなりがちです。

冷静に判断ができるうちに所持している不動産を書き出して整理し、把握した情報

離婚がよぎったら、確認したいチェックリスト

☑ 不動産はいくつ？ 複数ある場合は、すべてリストアップする
☑ 不動産の名義は誰になっているか
☑ 不動産の購入代金はいくらか
☑ 購入時に、頭金はいくら支払ったのか。支払ったのは誰か
☑ ローンの支払いは終わっているか。 残っているならローン額はいくらか
☑ ローン完済の時期はいつになるか
☑ 連帯保証人や、連帯債務者はどのように設定されているか
☑ 抵当権や差し押さえの担保権がついているか

をいつでも活用できるようにしておきましょう。自宅に住み続けるのか、手放す代わりに慰謝料を受け取るのかなどは、ローン残債や名義の状態を把握しない限りベストな判断が難しくなります。

物件についての情報は契約書や権利書を見るほか、法務局にて登記簿謄本を取得すると詳しい内容が確認できます。なお、連帯保証人の情報については、登記簿謄本への記載はありませんので注意が必要です。

所持しているのが土地の場合でも、周辺環境の変化などで不動産価格は購入時と変わっています。当相談室では誰にも知られずに無料で机上査定（簡易査定）を行うことができますので、現時点での不動産価格を知っておくことは夫婦の資産を把握するうえで大切なことです。

もちろん、査定をしたからといって売却に進まなければいけないわけではありません。離婚を検討した段階で「夫婦の資産は何があるか知っておきたい」と不動産の査定に訪れる方は数多くいますので、この時点では気軽に相談をしてもらえたらと思います。個人情報が漏れることもありませんので、安心して状況を伝えてください。

夫婦で不動産を購入するときにやってはいけないこと

離婚を目前に、または離婚後に不動産トラブルで揉めるケースを数多く見てきて、万が一の際に揉めないようにするには「不動産に関しては、ローン名義を共有にしないこと」が一番だと思います。

夫または妻のみ、手持ちの資産と単独ローンで購入できる物件を購入する。もしくは「うまくいっている時に離婚の話なんて、縁起でもない」と思われるかもしれませんが、もしも離婚になった時のために財産の分け方を決めておく。最近では夫婦で同じように稼ぐダブルインカムの家庭も多いことから、婚前契約として財産についてのさまざまな取り決めを交わす人も増えてきたと聞きます。

そんなことをする間もなく、すでに結婚していて関係がこじれてしまった。複雑な条件をもつ不動産が多く、財産分与をどう請求するべきか悩んでいる……そうした方は離婚に関する問題に慣れている不動産会社へまずは相談をしてみてください。

担当者はたくさんの事例を見て、実際にお客さまと話をしてきていますので、申し込み前の相談の時点でも参考にできる事例やアドバイスがもらえると思います。

REAL ESTATE TROUBLE

トラブルになったら、まず考えること

「売却するか」「住み続けるか」

離婚をする前、トラブルになる前の段階であれば、手持ちの不動産をどうしていくか時間をかけて夫婦で話し合うこともできると思います。けれども離婚まったなし、顔を合わせれば喧嘩ばかり、もしくは一言も口を聞かない状態が続いている……といった状況では、選択肢も限られてきます。

そういった状況でまず考えるべきことは、次の2つのどちらを選択するかです。

①自宅を売却する
②住み続ける

この選択は、どちらが正解ということはありません。自宅を売却してスッキリと新しい生活を始めたいという人もいれば、これまで生活してきた家に今後も住みたいという人もいるでしょう。

「①自宅を売却する」という選択をする場合、「住宅ローンがいくら残っているか」が重要です。すでに全額返済が終わっている、または自宅の売却で得たお金でローンを全額返済できるのであれば問題になることはありません。しかし、自宅を売却してもローンの残額をすべて返しきれないオーバーローンの場合、追い金して一括返済できなければ売却することはできません（オーバーローンでも任意売却という方法であれば売却は可能です。詳細は第2章で説明します）。

ですから自宅を売却すると決めたら、売却価格はどのくらいになるのか、ローンと相殺しても資産は残るのか、もしオーバーローンなら追い金をどうするかなど、今後の方針を決めていくためにも、早いタイミングで不動産を査定する必要があります。

また、「不動産の名義がどうなっているのか」も同時に確認しておく必要がありま す。不動産は基本的に名義人でなければ売却できません。例えば、不動産の名義人が夫である場合、妻が売却したいと考えていても勝手には売却できません。共有名義の場合も、双方が売却に同意しなければ、一般的な方法での売却はできませんから、名義がどうなっているのか、売却はすんなり進めることができそうかをチェックしておくことが必要です。

もう一方の「住み続ける」という選択をする場合、その方法にはいくつかあります。では次に住み続ける場合の方法について詳しく見ていきましょう。

離婚になっても自宅に住み続ける3つの方法

離婚が決まり配偶者と話し合いをするなかで、「どうしても自宅を手放さずに、このまま住んでいきたい」と思った場合に、そのまま住み続けるための方法は以下の3つです。

①誰かがローンを支払って、今まで通りに住む
②リースバックに契約を変更し、オーナーに家賃を支払って住む
③妻（夫）が自宅を買い戻す

①〜③について、それぞれ詳しく説明をしていきます。

①誰かがローンを支払う（ローン名義人を変更する場合も含む）

離婚後も、財産分与や慰謝料の代わりとして残った住宅ローンをこれまで通りに元配偶者が支払ってくれるのであれば、同じ場所に住み続けることが可能です。

しかし、冒頭のマンガにあったように元配偶者が住宅ローンを支払えない状況になってしまうリスクもありますし、ずっと元配偶者名義の家に住んでいたくないという理由から、名義を変更したいという方も増えています。名義変更については③のところで説明します。

また、そもそも離婚後に元配偶者の支払いが望めない場合もあります。その場合は、

自分がローンを支払うか支払い能力を持つ家族がローン名義人となり支払っていくことで住み続けることができます。

②リースバックに契約を変更する

リースバックとは、住んでいる自宅を不動産会社が買い取り、買主をオーナーとして賃貸契約を結び、家賃代わりのリース料を支払うことで、引っ越しすることなく自宅に住み続けられる方法です。

リースバックのメリットとデメリット

メリットは、もちろん自宅にそのまま住み続けられることですが、他にも自宅を売却する契約にはなるものの、ご近所や親戚など他人にその情報が知られることがないこと。また、基本的に不動産の買い取り代金は一括で支払われるため、離婚のようなそれまでの生活や収入に大きな変化があるタイミングに向いている手段といえます。そして、不動産を所有するわけではないので、固定資産税の負担がなくなります。

さらに、希望をする場合には将来的に買い戻すことも可能です。デメリットは、物件の買い取り価格が周辺相場よりも安くなりやすい、家賃（リース料）はオーナーとの交渉次第では通常の賃貸相場より若干高くなる可能性もある、物件の買い戻し時には売却した価格よりも高くなるなどが挙げられます。

住宅ローンを払い続けることが難しい場合にはメリットの大きいリースバックですが、ローン残債が物件の買い取り価格より多く残っている場合には利用できない可能性もあります。こうした場合には一部を現金で支払うなどの方法もありますので、諦めず担当者に相談をしてみてください。

またリースバックした自宅を買い戻したい場合には、買い戻し期限を必ず確認しましょう。「リースバック開始から、買い戻しできるのは3年まで」など不動産会社によって、ルールが異なります。

③妻（夫）が自宅を買い戻す

①のところで少し触れましたが、これは元配偶者から自宅を買い取って名義変更を

し、名実ともに自宅を自分のものにすることです。

多いのは、離婚後に元夫が所有する自宅にそのまま住み続けていた元妻が自宅を買い取り、名義を変更するケースです。元妻側は、元夫との一切の関係を絶ちたい、元夫がずっとローンを払い続けてくれるのか不安、将来は子どもに家を相続したいなど、様々な理由から「家の名義を自分に変えたい」と望んでいます。

離婚前に買い取ることができれば一番ですが、その時には住宅ローンを組めるだけの収入がなかったり、十分な収入があったとしても親族間の売買への融資に金融機関が非常に慎重で、たとえ離婚する夫婦でも認めてもらえないといった理由があります。

しかし、離婚後であればいろいろな問題が解消され、簡単ではないものの自宅を買い取ることは可能です。

ポイントは、買い取る側が住宅ローンを組めるかどうかです。金融機関は元親族というだけで融資に慎重だと述べましたが、なかには融資をしてくれる金融機関もあります。また最近では契約社員、派遣社員、パート、アルバイトの方でも審査が通る住宅ローンも出てきています。こういった金融機関が見つけられるかどうかが成否に大きく関係してきます。

当相談室でも実際に元妻が元夫から自宅を買い戻すケースをサポートしました。元夫が新型コロナウイルスの影響で収入が下がり住宅ローンを払うのが難しくなったため、元妻が買い取ることになったケースです。元夫が組んでいた住宅ローンは金利が高い時期のものだったため、元妻が新たに住宅ローンを気見直したことで結果として大幅に返済額を下げることができ、ローン返済後に息子に家を譲ることができると喜んでいただくことができました。

元夫婦間の不動産売買は一般の不動産売買と同様かといえば、残念ながらそうではありません。一定の「売買しづらさ」は、残ってしまうものです。その「売買しづらさ」を解消し、売買が可能になるようサポートをしてくれる不動産会社を見つけることができるかも成否を決める重要なポイントです。

住み続ける？ 売却する？ 気持ちと状況を整理するためのチェックリスト

当相談室に来られた相談者さんからよく聞くお悩みに、「**離婚をすることは決まったけれど、家をどうするかがどうしても決められない**」というものがあります。

離婚に向けた話し合いが始まると、決めなければいけないことが多く精神的につらい時間が続きます。**不安や悩み事で頭がいっぱいの時に「自宅を売るのか住み続けるのか、決断をすることができない……」と、感じてしまうのは当たり前のことだと思います。**

そこで、客観的に今の状態を知って、気持ちを整理するためのセルフチェックリストを作りました。これらは当相談室へ相談に訪れた皆さんへ、実際に投げかけた質問をもとに作られています。

離婚を理由とした場合だけでなく、自宅を売るかどうかで悩んだ時にもぜひ使ってみてください。

気持ちと状況を整理するチェックシート

「気持ちを整理する」

- ☑ 思い出がある家に住み続けるか、新しい場所で新しい思い出を作るか
- ☑ 一緒に暮らしていく家族の意思は？
- ☑ 夫婦間で売却する・しないの意思を統一できるか
- ☑ これから住む場所について、一番大切にしたいことは何ですか？

「状況を整理する」

環境について

- ☑ 子どもがいて、学校や幼稚園・保育園を変えたくないなどの事情があるか
- ☑ 自分と家族の仕事に関して、今の家でなければいけない必要があるか
- ☑ 介護の関係などで、今の場所にとどまる必要があるのか
- ☑ ペットがいる場合には、環境を変えても問題なく飼育ができるか

金銭的な問題について

- ☑ 住宅ローンの残債を確認する
- ☑ ローンが残っている場合、誰が支払いを続けるのか
- ☑ 固定資産税額を確認
- ☑ 自宅に住み続けた場合、売却した場合の資産状況を確認（住み続けるのが難しいが、売却をしたくない場合にはリースバックも含めて確認）

第2章

よくある不動産トラブルとその対処法

お金がない編

マンガでわかる！

お金の不動産トラブル

はぁー
近藤 充（57歳）
ふぅ～…
どうしたの？休日なのに真剣な顔して
千恵（56歳）
実はこの前会社の同僚と退職金の話になって
自分の退職金がいくらなのか調べてみたんだ
それでどうだったの？まさか…
そうなんだ…一度転職したのが響いてるみたいで
思っていたより全然少なくて…
じゃあ家のローンはどうなるの？
退職金を当てにしてたのに…
大丈夫！
退職金だけでは足りないけど、うちの会社は再雇用制度があるから
定年した後も数年働き続ければなんとかなるさ！
ほんとに？ならいいけど…

数年後 定年退職した充は
再雇用で働き始めた
給与明細
これだけか…再雇用だと現役時代の半分もいかない
このままだと住宅ローンを払えなくなるかも…
とはいえ、この歳で他に給料がいい仕事なんて見つかるだろうか？
ただいま
おかえりなさい
ねえ、あなた
今日銀行で記帳して給与の振込額を見たんだけど
このままだと住宅ローンが払えなくなるんじゃないの？
わかってるさ！なんとかしようと考えてるよ！
怒ったってしょうがないでしょ！
私もなんとか生活費を切り詰めるから…
…すまんついカッとなって
明日から仕事を続けながらもっと稼げる転職先を探すよ

ピローン
履歴書
この前の採用面接も
またダメか…
もう15社目だよ
がっくり
近藤 様
この度は
弊社中途採用にご応募いただき
ありがとうございます。
・・・・・
誠に残念ながら
今回はご期待に添えない結果と
なりました。・・・・・
あなた、大変！
住宅ローンの
滞納の通知が
来てるわ！
やっぱり
来てしまったか…
転職もうまく
いかないし
もうダメかもな…
え、じゃあ
もうこの家には
住めなくなるの？
私、
そんなの
嫌よ！

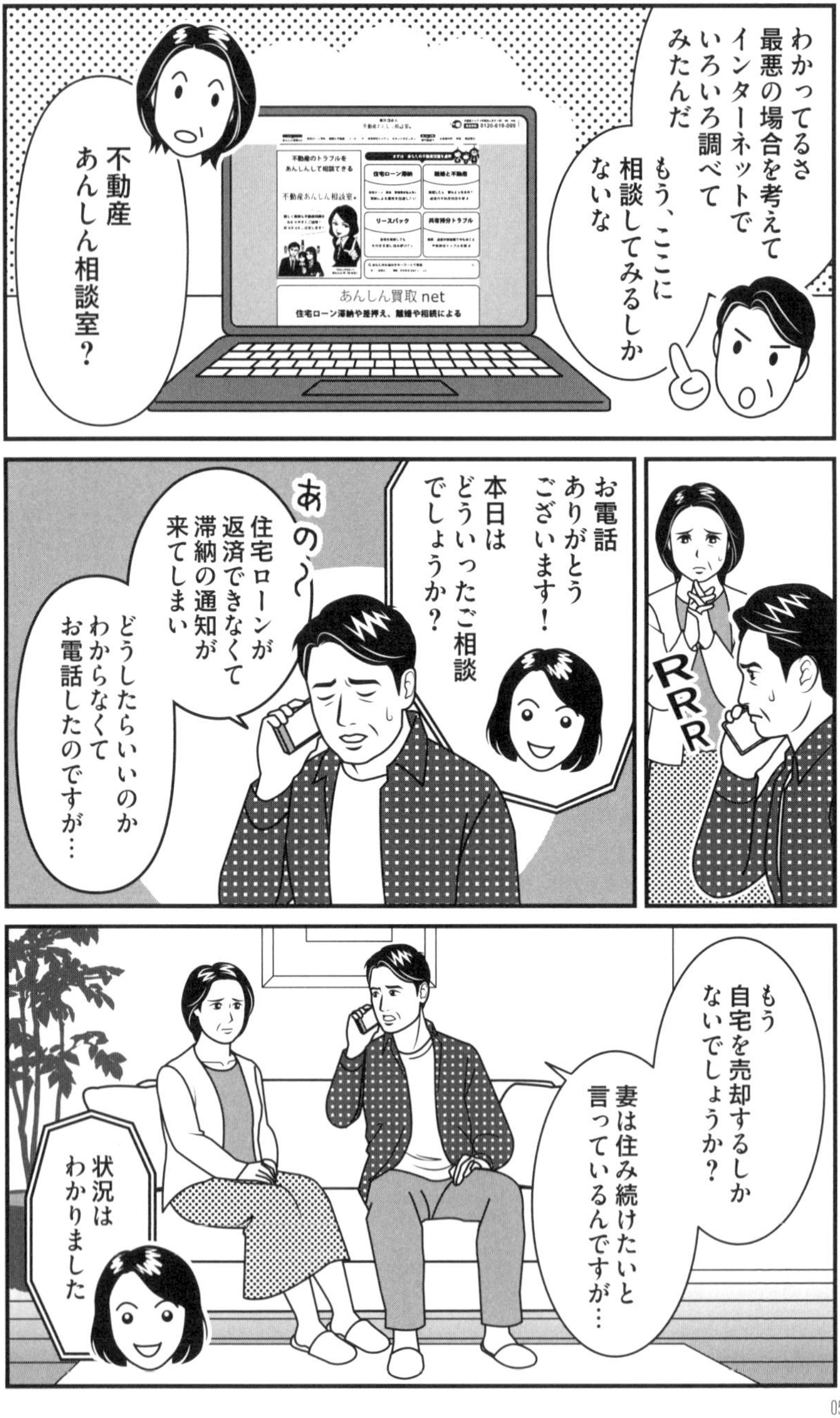
わかってるさ
最悪の場合を考えて
インターネットで
いろいろ調べて
みたんだ
もう、ここに
相談してみるしか
ないな
不動産
あんしん相談室？
不動産のトラブルを
あんしんして相談できる
不動産あんしん相談室
住宅ローン滞納
離婚と不動産
リースバック
共有持分トラブル
あんしん買取 net
住宅ローン滞納や差押え、離婚や相続による
RRR
お電話
ありがとう
ございます！
本日は
どういったご相談
でしょうか？
あの〜
住宅ローンが
返済できなくて
滞納の通知が
来てしまい
どうしたらいいのか
わからなくて
お電話したのですが…
もう
自宅を売却するしか
ないでしょうか？
妻は住み続けたいと
言っているんですが…
状況は
わかりました

ご安心ください！
住宅ローンを支払えなくてお困りの方が近年増えていて
そういった方をサポートしご希望に沿うように解決に導くのが私たちの役割です
本当ですか!?よかったぁ
もし、住宅ローンが払えなくてお困りの方は
この先の解決方法を読んでおきましょう！

REAL ESTATE TROUBLE

「お金がない」から起こる「家」のトラブル

定年後、収入事情が変わって支払いが難しくなる人が続出！

近年、当相談室へ相談に来る方たちで多いのが、「好景気の時期に住宅ローンを35年で組んだものの、**繰り上げ返済をしなかったので、定年を迎えてもまだ支払いが残っている。仕事を辞めてしばらくしたら、ローンの支払いが厳しくなってきた**」とお話をされるケースです。

ローンを組んだ当初は「35年ローンとはいっても、昇給するだろうし、ボーナスを活用して繰り上げ返済をしていけば定年前には支払いが終わるはず」と考えていたそうです。

ところが現実には子どもが小学生になると学費や習い事の費用がかかり、ボーナスが入る時期はなんだかんだと出費がかさみ、ローンを多めに支払うほどの余裕ができず……次のボーナスこそは、と先送りしているうちに定年がやってきてしまったのです。

最近では定年後も仕事を続ける方が多く、現役時代より手取りが少なくなったとしても、定期収入があるうちは日々の節約を意識しながらもローン返済を続けていくことができます。

それが、給与収入がなくなり年金のみになってしまうと、以前はなんとか支払えていたはずの毎月の支払いが急に重くのしかかってくるのです。

こうした時、「金融機関に相談したら、支払いの金額やペースを調整できるのでは」と思われるかもしれません。しかし残念ながら、金融機関は働き盛りの頃であればローンの見直しや借り換えにも応じてくれやすいのですが、支払いが厳しくなってからの全体的な切り替えは難しいのです。

住宅ローン返済の見込みが立たなくなる前に早めに対処しよう！

住宅ローンの見直しは、早ければ早いほど効果的です。

冒頭のマンガにもあったように住宅ローンの返済に退職金を当てにしている人も多いと思います。でも、実際に自分がいくら退職金をもらえるのかを把握していますか？勤務先の退職金制度を調べて計算してみたり、人事に聞いてみたり、おおよそいくらぐらいかを把握することはできると思います。たとえ思ったほど退職金がでなくても早めに対処すれば、住宅ローン滞納という最悪の事態は避けられるでしょう。

また、勤めていた会社が潰れてしまったなど、突然の出来事によって収入が減ってしまう、なくなってしまうという場合もあるかもしれません。しかし、そういう場合でも住宅ローンを返済できなくなるギリギリまで粘るのではなく、「このままいくと危ないかも……」と思ったらすぐに動くことが肝要です。

住宅ローン返済が難しいと思ったら、もちろん家計を見直すなどはまっさきに行うべきですが、その他にもできることがあります。

一つは、借り入れをしている金融機関に相談することです。返済期間を延ばすことで毎月の返済額を減らす、返済額を一定期間減らすなど条件の見直しを相談することができます。

もう一つは、住宅ローンの借り換えです。金利が高い時に住宅ローンを契約している場合であれば、ローンを借り換えることで返済の負担を減らせる可能性があります。ただし、ローンの借り換えには手数料がかかります。手数料を負担したとしても毎月の返済の負担が減るのであれば、ローンの借り換えを検討してもよいでしょう。

また、当相談室のように不動産会社でローンの借り換えをサポートしているところもあります。不動産を扱っていることから金融機関とのつながりも多いため、ニーズに合わせた金融機関を紹介してくれるでしょう。

60代後半にさしかかってから支払いがどうにもならず家を手放すしかなくなる人が増えています。それは、お金の問題を先送りしてきたことも原因と言えます。住んでいる家を手放さなければならないという事態に陥らないためにも早め早めの対策に動きましょう。

3ヶ月以上のローン滞納で競売に!

もしも今すでにローンの支払いが難しくなっているとしたら、できるだけ早く不動産ローンの問題に強い専門家がいる、お近くの不動産会社を探してください。

このような時に「お金の相談だから、まずはFP(ファイナンシャルプランナー)に」と思ってしまいがちですが、実はFPさんにも得意・不得意な分野があります。FPは全体的にお金の問題を網羅している職業ですので、〝特に不動産のローン問題に強い〟という方を探し出すのは大変だと思います。

当相談室のような住宅や事業用ローンに関する専門性の高い不動産会社に相談していただいたき、もしそうした弁護士や税理士、FPとの関わりが必要だと判断した場合には、それぞれ相談者さんの抱える問題に精通した専門家をご紹介します。お伝えする専門家は基本的にすでに当相談室とやりとりをした経緯のある人たちですから、飛び込みで相談や依頼をするよりも安心して相談できるはずです。

住宅ローンが支払えずに未払いの状態が続くと、1~2ヶ月ほどは郵便で支払いのお願いが届きます。最初の頃は「お振込のお願い」のような文面が優しいもので、読んだ印象では〝まだ何とかなる〟〝もう少し待ってもらえるかもしれない〟と思ってしまうかもしれません。しかしそのまま支払いをせず2ヶ月が過ぎる頃には、厳しい文面の支払い催告書が届くようになります。

問題は、その後です。

「ローン支払いを促されているうちは、まだ大丈夫」……この考えは大きな誤りで、おおむね3ヶ月を過ぎると次に届くのは住宅ローンを分割して支払う権利が失われた旨の通知です。これを代位弁済といいます。

残ったローン残債を一括で支払うことができなければ、その先には競売が待っています。

REAL ESTATE TROUBLE

最悪の結果、「競売」が待っている

競売とは？

競売は「けいばい」または「きょうばい」と読みます。

不動産の購入時に費用を一括支払いせず、金融機関や公的システムを使って住宅ローンを組んだ場合には、抵当権とよばれる担保が設定されます（抵当権は返済が滞ったり、支払いがされなかった際には、担保を売りに出して現金化できる権利です）。

万が一、約束された通りに住宅ローンが支払われなかった場合には、金融機関などが裁判所に競売を申し立てることが可能になります。

金融機関側は競売に至るまでにハガキや封書、電話等で連絡をして住宅ローンの支払いを促します。それでも債務者が支払いに応じない場合、「分割で支払われるはずだった住宅ローン返済の見通しが立たないため、強制的に該当の不動産を売却して、住宅ローンをまとめて回収する」行動にでます。

ローン支払いの督促状が送られてくるうちは支払いのスケジュール調整なども相談に応じてもらいやすいのですが、滞納が続けば住宅購入費を住宅ローンとして分割払いしていくこともできなくなります。

裁判所では競売を申し立てられると一定期間にわたって物件の情報を公開して、オークションのように購入者を募ります。インターネット上のサイトで室内を含めた物件情報が公開されるほか、業者が自宅を訪れさまざまな営業をしたり、自宅周辺の調査を行なったりするために、**ご近所さんを含めた多くの人に〝自宅が競売にかけられていること〟が知られやすくなります。**

競売の流れ

①住宅ローンの滞納

ローン滞納初期は、ハガキや封書の督促状や催告書といった滞納者に支払いを促す文書が届く

②3～6ヶ月の間未払いが続くと、「期限の利益」が失われる

「期限の利益」とは、住宅ローンを分割して返済する権利のことで、滞納が続くと期限の利益を喪失し、金融機関から住宅ローンの一括返済を求める通知が届く

③期限の利益を喪失すると、「代位弁済」が行われる

「代位弁済」とは保証会社が債務者に代わって金融機関にローン全額を一括払いする

ことで、これにより債権者が金融機関から保証会社に変わる。その後、保証会社は改めて債務者に、住宅ローン全額の支払いを依頼。支払いが行われない場合には、法的手続きに移ることを通告する

④裁判所に競売申し立てがなされ、「競売開始決定の通知」が届く

この書面は競売が決まったことを知らせるのではなく、「競売がはじまりました」と知らせる通知となる。登記簿謄本にも、不動産が差し押さえられる旨の記載がされる

⑤現地調査

「競売開始決定の通知」が届いてから約1ヶ月以内に裁判所執行官と不動産鑑定士が自宅を訪問し、調査と聞き取りを行う。室内外の写真撮影、戸建てなら隣家との境界確認なども行われる

⑥入札の開始

現地調査後早ければ2〜3ヶ月で競売の入札期間や開札期日などが記載された「競売の期間入札の通知書」が届く。そこに記載された日程に基づいて、購入希望者による入札が開催される。任意売却（ローン残債を一括返済できなくても不動産会社を通じて自宅を売却できる。詳細はP75）を行えるのは、入札開始の前日までとなる。

⑦売却の決定・代金の振込

入札で一番高い金額を提示した購入希望者が、落札者となる。裁判所による落札者の審査が行われ、購入が認められると代金を裁判所へ支払う。金融機関や保証会社はその費用から、未払いの住宅ローンを回収する

⑧立ち退き

購入者が決まり、振込が完了すると立ち退かなければいけない。指定の期日を超えても居座ると、強制執行※1が行われる

※注1）強制執行とは、債権者が債務者に対して有すると認められた民事上の請求権を、国家権力によって強制的に実現する手続きのことをいい、強制執行には強制退去も含まれます。

知らない間に、自宅が競売にかかってしまったKさんの場合

Kさんは東京の郊外に住む、30代後半の女性です。長い間夫婦生活はうまくいっておらず、1年前から別居での生活が始まりました。

夫は他に女性がいることを認めていたため、自宅にはKさんが残り夫には出て行ってもらいました。月に10万円ほどの住宅ローンは別居中の婚姻費として、夫に支払ってもらう約束です。

夫婦の子どもは保育園に通う年頃でまだ幼かったものの、Kさん自身も正社員で働いており、子どもに与える影響も考えてそろそろ離婚に踏み切るべきかと検討していた段階でした。

ある日のこと、仕事から帰ってくると住宅ローンを借りている金融機関から「期限の利益喪失の通知書」が届いていました。

Ｋさんはまったく知らなかったのですが、夫が支払っていたはずの住宅ローンに未納が続いていて、〝現在借りている住宅ローンを分割して支払う権利が失われた。残債を一括で支払わないなら、自宅を競売にかける〟という内容でした。

もともと自宅は夫の単独名義で購入していて、郵便物も転送手続きがされていたためにこの段階になるまでＫさんは状況を知ることができなかったのです。慌てて夫に連絡を取ろうとするも電話に出てくれず、ＳＮＳのメッセージも既読にはなっても一向に反応がありません。

住宅ローンの残債額が大きかったこともあって身内の援助を仰ぐこともできず、そうこうしているうちに自宅の競売が決定してしまいました。

競売が決まると、競売担当者がやって来て自宅の外観や室内をところ構わず撮影していきました。その後、どうやらインターネット上や広告などに自宅の情報が載ったらしく、よく分からない業者が訪ねてきてさまざまな営業をかけていくようにもなりました。

急にそのように自宅周辺を訪れる不審な人が増えたことで、ご近所さんの間で「どうやらKさんのお宅は、競売にかけられたらしい」と噂が立ってしまったのです。

Kさんはこのタイミングで当相談室を訪れ、「これからどうすればいいのか？」「競売になったと噂が広まってしまい元の場所には住みにくいが、両親は病気がちで頼れず地元に戻るわけにもいかない」と憔悴されていました。

競売を申し立てられても、諦めないで！すぐに専門家へ相談を

住宅ローン支払いの督促状が届いているうちにご相談いただくのがベストではあるのですが、競売通知が届いた後でも任意売却の契約に切り替えることで、多くのケースで競売を免れることができています。

前述のKさんも仲介型の任意売却（任意売却の詳細はP75で説明します）を利用し、

残っていた住宅ローンのほとんどを売却益でまかなうことができました。

雲隠れしていた夫とは離婚の意思を固め、離婚調停を経てローン残債の支払いは夫が担当することになり、養育費ほか当面の生活費を慰謝料として受け取れることになったそうです。今後は子どもとふたりで、仕事を頑張りながら新しい家で暮らしていくと笑顔を見せてくれました。

住宅ローンの支払いが難しくなってしまった状態では不安や心労が大きく、何も手につかないかもしれません。お金の問題だけでなくさらに並行して、離婚や介護、仕事などさまざまな面でトラブルを抱えていることも多いと思います。

そうした「どうしたらいいのか分からない」時のために、専門家がいます。悩んでつらく感じる時間を短くするためにも、できる限り早めに専門家を頼ってください。

当相談室は、「たまたま情報に触れる機会がなかったことで、やむなく競売に至ってしまう人を一人でも減らしたい！」という思いで、いつでもサポートを始められる準備をしてお待ちしています。

思い詰めることなく、まずは不安を吐き出すことを目的にお話をしに来てください。

競売になる前に、任意売却を!

任意売却とは?

住宅ローンの返済が難しくなった(滞納してしまった)借主が、ローン借入れ先の金融機関と話し合い、了承を受けたうえで物件の売却をすることを任意売却といいます。この話し合いでは、仲介役として不動産会社が金融機関と交渉を行います。

通常の取引では、住宅ローンが残った状態で物件を売りに出すことはできません。それでも任意売却を行うことができるのは、競売になってしまうと不動産の値段が下がって6~7割ほどになってしまい金融機関にとってデメリットばかりだからです。

任意売却を行う場合には、売却の額よりもローン残債額が大きいケースがほとんどであるため、物件の価格は金融機関側が査定を行ったうえで金額の提示をします。この額は通常の手続きで物件を売る場合とほとんど変わらない金額となります。

任意売却が認められた場合には、物件を売却しても払いきれなかった分のローンを金融機関と話し合いのうえで、無理なく支払う計画を立てることが可能です。

さらに競売の場合ではすぐに家を明け渡さなければいけませんが、任意売却では引っ越し費用の確保や引っ越しのスケジュールについても柔軟な対応が見込めます。このタイミングでリースバックを選ぶことで自宅にそのまま住み続けることもできます。

任意売却6つのメリット

任意売却は住宅ローンが支払いきれなくなってしまった際に、債務者が一括返済や競売を避けるための救済システムです。

すべての人に必ず適用される訳ではありませんが、競売になってしまうと不動産の価格は6~7割程度に落ちてしまうことが多いため、一括返済が難しい場合にはメリットの大きい方法といえます。

メリット1　市場価格で売却でき、残債を最大限少なくすることができる

住宅ローンを利用すると、「抵当権」とよばれる担保権が不動産に設定されます。それによってお金を貸している金融機関の権利が守られるため、本来であればローン残債のすべてを返済しないと抵当権を外すことも不動産を売ることもできません。しかし任意売却の仕組みをつかうと、例外的にローンが残ったままで売りに出すことが可能です。

さらに市場価格で売却できるため、競売で売却するよりも高く売れ、より多くの売却益をローン返済に回すことができます。

メリット2　売却にかかる費用負担がゼロ

競売では、競売にかかる諸費用から売却後の立ち退きの際の引っ越し費用もすべて債務者が負担する必要があります。一方、任意売却では自宅の売却にかかる仲介手数

料・抵当権抹消費用（司法書士費用）はもちろん、売却後の引っ越し費用も含め、債権者との交渉で諸費用はすべて売却益の中から捻出することが可能です。また、固定資産税などの税金やマンションの管理費・修繕積立金などを滞納していた場合、それらも売却益でまかなうことができます。

メリット3　オーバーローンでも残債の分割支払いに応じてもらえる

不動産を売ってもまかないきれなかったローン残債も、事前の話し合いにより一括返済ではなく分割支払いに応じてもらえるなど、無理のない返済計画を立てることができます。

ただし、債権者との交渉になるため必ず適用されるわけではなく、ローン残債額や今後返済をしていく債務者の状況によって可否が変わってきます。

メリット4　ご近所に知られずに売却できる

競売の場合にはインターネットや新聞などで公に告知がされ、また多くの関係者が自宅を訪れるため、周囲のご近所さんに「住宅ローンが払えず、競売にかけられた」ことを知られてしまいがちです。一方、任意売却では通常の不動産売却と同じ手続きで査定が進むため、周囲にローンが支払えなくて家を売却することを知られることもなく、プライバシーが守られます。

メリット5　そのまま住み続けられる可能性も

通常は自宅を売却すると、買い主に引き渡しをして引っ越しをしなければいけません。しかし、任意売却とリースバックを組み合わせることで、自宅から退去することなく、これまでと変わらずに自宅に住み続けることができます。また、リースバックには買い戻しできるプランが含まれていることもあり、いったん売却した自宅を再度所有できる可能性もあります。

メリット6　心の余裕が生まれる

ローンを払えず競売になると精神的なダメージが大きい上に、売却した後も残債の返済や引っ越しなど頭を悩ませる問題を自分で解決しなければいけません。しかし、任意売却であれば、残債の返済計画を相談することができたり、引っ越しまでの日程を調整できたりするため、競売に比べると、心の余裕が生まれます。

任意売却2つのデメリット

私は任意売却についてメリットをお伝えすると共に、デメリットについても必ずお伝えするようにしています。未来に向けてベストな選択をするために、これらも検討材料の一つにしてください。

デメリット1　信用情報に傷がつく

任意売却をすることで、個人信用情報機関に通達がなされます。そのため、いわゆる「ブラックリスト」に載り、数年間に渡って新たにローンを組んだり、クレジットカードの作成を行ったりができなくなります。

デメリット2　任意売却をしても残債が残る（オーバーローンの場合）

物件の販売代金よりローン額が大きい場合には、任意売却をしても残債が残ります。残った債務を返済する期間や方法については相談に乗ってもらえますが、残債は引き続き返済をしていかなければいけません。もし返済できないときは、破産などの債務整理をすることも必要かもしれません。詳細はＰ89で説明します。

任意売却の流れ

こちらでは、任意売却の流れについて分かりやすく説明をしていきます。

競売についての項目（P73）でもお伝えしていますが、もしも自宅へ**競売開始決定通知書が届いてしまった段階でも、まだ間に合います。**これらの書面が届いた場合には、到着からできるだけ早く、任意売却の経験が豊富な不動産会社へ相談をするようにしてください。

①住宅ローンが支払えない

住宅ローンの支払いが難しい、または、支払いを滞納してしまい、金融機関から以下のような書類が届く

・支払いの督促状
・期限の利益喪失の通知書※2
・代位弁済通知書※3
・競売開始決定通知書

②不動産会社へ相談する

任意売却を取り扱っている、専門知識を持つ不動産会社に相談する
住宅ローンの滞納状態やローン残債、現在どのような状況に置かれているかを総合的に判断しながら相談者の希望を聞き、一人ひとりに合わせたコンサルティングを実施
強引な取り立てがあり、生活に支障が出ている場合などは専門の弁護士を紹介します

③不動産の価格を査定し、任意売却に向け、媒介契約を締結

不動産会社による不動産の査定を実施し、売却金額の目安を把握する
通常の不動産売買と異なり、競売が迫っているため迅速に行う必要があります
相談者が査定金額を含めた任意売却について、不動産会社からの提案に納得できれば媒介契約を締結

④債権者（金融機関）と任意売却の交渉を始める

債権者に抵当権を抹消してもらい、任意売却を認めてもらうための交渉です

交渉は売却を行う不動産会社が行いますが、売却価格の決定権は債権者にあり、できるだけローンを回収したいと考える債権者へ売却価格を提案し、調整をしていきます

売却価格のほかに、引っ越し費用、管理費、修繕積立金の滞納分などの経費についても話し合いをします

税金の滞納によって税務署や役所からの差し押さえがある場合は、差し押さえ解除の交渉も行う必要があります

⑤不動産の販売活動を開始

自宅を販売する手順については、一般的な不動産売却と違いはありません

しかし、任意売却は期限が設けられているため、自宅を内覧したい希望者がいた場合などにはスムーズな対応が求められます

⑥売買契約の締結、決済、引っ越し

任意売却の契約締結を行います

手順そのものは、一般的な売買契約とほとんど変わりません

子どもの学校や仕事の都合など家族の希望を鑑みながら、不動産会社は引っ越し先探しのサポートまで対応します

※注2）期限の利益喪失の通知書 金融機関より「貸しているお金の滞納が続き、契約違反のため分割で支払っていくことをこれ以上待てない」と一括返済を求められる書面

※注3）代位弁済通知書　住宅ローンの契約をした際に保証契約を交わした保証会社より、「ローンの残債を契約者に代わって支払う。そのため、今後は保証会社へ残債を一括で支払う必要がある。支払いが遅れる場合には、不動産が競売になります」と知らせる書類

目的に合わせて決める、4つの任意売却

任意売却には、いくつかの方法があります。不動産会社によって対応できる方法が

異なるため、ここでは当相談室で行なっている4つの任意売却プランについて説明をしていきます。

少しでも高く売却したい方に、「仲介」プラン

当相談室（不動産会社）が、不動産売買の仲介を行うプランです。

任意売却の専門知識をもつ経験豊富なスタッフが担当につき、債権者（金融機関）との交渉や、売買代金の配分表作成なども行います。さらに一般的な不動産取引と同じように、担当者が売主の代わりに買い主を探したり、販促活動をして早期での売却を目指します。

通常は依頼者が支払う仲介手数料は、債権者の同意を得て不動産の売却益から支払われるように配分表に記載されます。そのため、依頼者が別途現金を用意する必要はありません。

競売が迫っていて早く売りたい方に、「買取り」プラン

当相談室を（不動産会社）が直接、相談者がもつ不動産の買取をするプランです。他の方法に比べて短い期間で売却ができるため、競売が間近になっていて急ぎたい時に適しています。当相談室の場合、最短1週間で買取が可能です。

住宅ローン滞納の他にも未払いや借金があり、差し押さえを避けたい方にもご利用をいただいています。

不動産売買は物件の販売活動に時間がかかるため、買取の場合にはこの期間がなくなり、数ヶ月早く現金が手に入ることになります。

売却しても今の家に住みたい方に、「リースバック」プラン

リースバックは任意売却で第三者（または当相談室）に自宅を売り、売却したお金で住宅ローンを返済、不動産を買ってくれたオーナーに賃料を払うことでこれまで通り自宅に住み続けられるプランです。

大きなメリットは引っ越しせずに住み続けられることです。子どもの学区を変えたくない、高齢で引っ越しが難しいなどの場合に最適な方法です。

また、自宅を所有していたときにかかっていた固定資産税、火災保険料がなくなり、かかる費用は家賃のみになるので負担が軽くなります。

いずれは自宅を買戻したい方に、「買い戻し」プラン

親戚や知人に任意売却でいったん自宅を買い取ってもらい、そのまま住み続けるプランです。

元の所有者（相談者）は、買戻し人（親戚・知人）にローンを返済していきます。

このプランでは、買戻しに協力をしてくれる人が見つかったら、金融機関に購入の意思を伝えて不動産ローンの審査を受ける必要があります。ただし、買戻しの際にすべて現金で用意できる場合には、審査を受ける必要はありません。

審査が通れば、通常の不動産取引と同じように売買契約と決済を行います。手続きが完了すると、不動産の権利は買戻し人へ移行します。

リースバックプランでも事前に買い戻しの意思を伝えておくことで、リースバック終了後に不動産を自分で買い戻すことも可能です。

任意売却をしても多額の借金が残ってしまったら

任意売却で自宅を売ってローンをすべて返済できればいいですが、オーバーローンで任意売却をするケースでは、多額の借金が残ってしまう場合があります。そういう場合、「自己破産」という選択肢もあります。

自己破産とは、自分の収入や財産で債務（借金）を支払うことができなくなった場合、自分の持っている全財産をお金に換えて各債権者に分配、清算し、借金をゼロにすることを言います。

自宅を売った後も、生活は続きます。引っ越し先の家賃や生活費、その上、返済しきれなかった借金まで残っているとなれば、どうやっても生活していけないというケースもあります。自己破産は破綻した生活を立て直し、再出発することを目的としている法的な債務整理の一つです。

自己破産は、すべての借金返済が免除されるという大きなメリットがある一方で、

・生活必需品を除いて20万円以上の価値がある財産は処分しなければいけない
・自己破産後、5年~10年は新たな借入ができない
・現金は99万円までしか保有できない
・免責が決定されるまで、警備員や弁護士など、特定の職業に就くことを制限される

というようなデメリットもあります。

当相談室でもパートナーの弁護士を紹介し、自己破産という選択をされたお客様もいらっしゃいます。自己破産は、借金や住宅ローン返済に悩む方の救済措置。まずは自己破産が本当に必要なのかを見極め、さらには自己破産する「前」にできることを検討するために専門家への相談をおすすめします。

第3章

よくある
不動産トラブルと
その対処法

相続編

マンガでわかる！

相続の不動産トラブル

不動産の共有持分は様々なトラブルの原因
仲が良かった兄弟・姉妹がいがみ合う結果になることも！

はぁ・・・
どうすればいいんだろう？
数日前
もしもし兄貴？
おう、康之か！どうした？2年ぶりくらいじゃないか
長男：佐藤大介（48歳）
うん、ちょっと相談があって連絡したんだけどさぁ
三男：康之（42歳）
なんだよ突然？
兄貴が住んでる家って親父とお袋が死んだ後たしか俺たち三人兄弟の共有持分になったよな？
そうだけどそれがどうした？
いや〜実は少しまとまった金が必要でなんとか売れないかと思ってさ
何いってんだよ俺たち家族が住んでるのに売れるわけないだろ？
いや、それはわかってるよ
家を売るって話じゃなくて俺の持分を兄貴が買ってくれって話だよ

ふざけるな！
ブチッ
…というわけで
康之からこの家の持分を買ってくれって言われてさ
え!?そんなお金ないわよ！
有希子（45歳）
だよなぁ
でもよく考えたらこの家が共有名義のままだったら
もし俺が死んだら有希子や洋介にこの家の3分の1しか残してやれないってことなんだよな
そしたら私たちこの家に住めないってこと？
洋介（10歳）
康之は売りたがっているし
それを聞いたら次男の祐司も同じことを考えるかもな
次男：裕司（46歳）
だったら今のうちに康之さんと祐司さんの持分を買い取ったほうがいいじゃない？
そうだよな今度また話してみるか！

後日、兄弟で話し合うことになったが…
ダン
ふざけるなよ！
200万円ぽっちで売るわけないだろ！
お前には自分の持ち家があるしいいじゃないか！
話にならないね！最低でも500万円が相場だ
そんな金あるわけないだろ！
じゃ、話は終わりだね
200万円で売る気はないからな！
フン！
おい、康之！

康之のやつ…金額に開きがありすぎて話にならない！
兄弟の仲もどんどん悪くなるし
どうしたらいいんだ？
トラブルの元！
は
しん相談室へ
一般社団法人
産あんしん相談室
[redacted]
これだ！
共有持分はトラブルの元！
困ったときは
不動産あんしん相談室へ
一般社団法人
不動産あんしん相談室
TEL.[redacted]
不動産の共有持分は様々なトラブルの原因
仲が良かった兄弟・姉妹がいがみ合う結果になることも！
そうなる前に共有持分を所有している
相続で悩んでいるという方は
この先を読んでおきましょう！

REAL ESTATE TROUBLE

知っておこう！ 不動産の相続

不動産の相続手続きについて

不動産の相続は、相続全体のなかでもトラブルになりやすい分野です。思い出のある家や土地を売らずに残すのか、共有名義になった不動産をどのように管理していくか……。

故人の生前に法定相続人の全員が納得する方法を決めて遺言書を作成したとしても、実際に遺産分割がはじまると揉めてしまうケースや、不動産の共有が数年続くうちに意見の食い違いが生まれてしまうケースが多くみられます。

ここでは、故人を悼む時間を大切にできるよう、できる限りトラブルを避け相続をスムーズに行えるように相続の流れやそれぞれの手続きについて確認をしていきます。

相続の流れ

ここでは相続が発生してからの手続きの流れを確認します。故人の葬儀、四十九日法要が終わると息をつく間もなく、相続の手続きを行わなければいけません。相続税の納付までを含めた手続き完了までに用意された期間は10ヶ月ありますが、当相談室へ相続の相談に訪れたほとんどの人が税理士や司法書士の力を借りても、「時間が足りず、後半に慌てて対応しなければいけなかった」「そのあたりのことは頭になかった」と話していました。

身近な人を亡くした後ですから、お金のことや揉めてしまうかもしれない場になかなか向き合う気持ちになれないかもしれませんが、できることから少しずつ進めていきましょう。

①遺言書を確認する

まずは、遺言書の有無を確認してください。

本人が生前に遺言書があることを伝えていなくても、故人からのメッセージとして何らかの形で遺言を残していることは多いものです。

さらに公証役場や公証人を施設や病院、自宅に招いて、公証人の前で作成を行う「公正証書遺言」や**遺言書の内容は秘密にして遺言があることだけを公証役場に証明してもらう、「秘密証書遺言」をのこしている可能性もあります。**自宅を調べた後は、最寄りの公正証書役場で遺言検索をしてみましょう。

遺言書で注意すべきことは、遺言書を見つけたら、内容を知っていたとしても開封してはいけません。

そのまま家庭裁判所に持参し、検認を受けて証明書を受け取る必要があります。

②相続人を確認する

故人の戸籍謄本を取得し、法定相続人を確認します。謄本は出生時までさかのぼって調べる必要があるため、最後に住んでいた場所から順番に居住した場所をさかのぼって取得していきます。

戸籍を取る作業ができるのは遺族から依頼を受けた弁護士や司法書士、行政書士と、故人の戸籍に名前が記載されている妻や家族、直系尊属（父母・祖父母）、直系卑属（子・孫）とその代理人のみとなります。

兄弟や姉妹であっても、戸籍が別になっている場合には取り寄せを行うことはできません。

③相続財産を洗い出す

手元の現金や預金だけでなく、不動産、株、債券、車、高級な時計や貴金属、高価な絵画などの美術品も相続財産となります。

資産目録があればそれを順番に確認すればいいのですが、通常は遺族が金庫やタンス、引き出しなど故人が大切なものをしまう場所を確認していきます。生命保険の契約書などもこの時に揃えておくと、後で慌てて探さずに済みます。

念のため、生前取り引きのあった銀行などの金融機関にも貸金庫の利用がないか聞いてみましょう。

また、相続対象となる財産は、プラスのものだけではありません。借金や住宅ローン、滞納していた税金などのマイナスの財産も相続の対象となります。故人がこうしたマイナスの財産を所有していると、それを知っているかどうかに関わらず相続で引き継がなければいけなくなってしまいます。

相続の手続きでは相続人がそれぞれ全体的な資産状況を把握したうえで、実際に相続を行うか決める権利があります。資産総額よりも負債が多い場合には、相続放棄を選ぶことも可能です。

さらに、現在は判明していない借金があとから出てきそうな場合には、故人の財産の範囲でだけ借金を支払う「**限定承認**」※1を行う方法もあります。

相続放棄と限定承認の手続きを行う場合は、3ヶ月以内に申告が必要です。

※注1）限定承認とは
故人に負債があった場合に、本人が所持していた財産の範囲でだけ借金やローンを支払う相続のしかたです。相続財産を調べても明確にならない場合や、あとからマイナスの財産が出てきそうな時に限定承認を選ぶことで、相続人が元から持っている財産に影響を及ぼさないようにできます。
注意するポイントは、限定承認を有効とするには共同相続人の全員が同意して、申述をする必要があることです。もしも反対する人がいた場合には、それでも相続を受けるか放棄するかの二択から選ぶことになります。

④遺産の分け方を決める

遺言書がない場合には相続人の全員で遺産分割協議を行い、遺された遺産の分け方を決めます。相続資産を分割する際には、割合や優先順位が夫婦や子など故人との関係性や親等の近さにより異なります。

遺言書がある場合には、故人の希望通りに財産を分割します。もしも有効な遺言書が複数あり、それぞれに記載されている内容が異なる時には、故人が亡くなった日に一番近い日時で作成されたものが有効となります。

万が一、遺産分割協議がまとまらず、遺遺産の分割方法に納得できない遺族がひと

遺産分割協議書の例

遺 産 分 割 協 議 書

（被相続人の表示）

本　　　籍	東京都●●区●●町●●番
最後の住所	東京都●●区●●町●●番●号
被 相 続 人	●●
相続開始日	令和●年●月●日

上記の者の死亡によって開始した相続（以下「本相続」という。）における共同相続人である●（被相続人との続柄：妻。昭和●年●月●日生。以下「甲」という。），●●（被相続人との続柄：長女。昭和●年●月●日生。以下「乙」という。）及び●●（被相続人との続柄：二女。昭和●年●月●日生。以下「丙」という。）の３名（以下、合わせて「本件相続人ら」という。）は、被相続人の遺産の分割について協議をした結果、下記のとおり分割することに合意した。なお、本件相続人らは、他に相続人がいないことを相互に確認した。

記

第１条　本件相続人らは、本相続における遺産のうち、本遺産分割協議の時点において判明しているものは、別紙遺産目録（以下「遺産目録」という。）記載の財産のみであることを確認し、次のとおり分割する。

１　甲は、目録「１」記載の預金、目録「２」記載の不動産及び目録「３」記載の負債を単独取得する。

２　本件相続人らは、前項の分割によっても、甲から乙及び丙に対する代償金の支払義務が発生しないことを確認する。

第２条　本遺産分割協議の時点で判明していない被相続人の遺産が後日発見された場合、当該遺産の分割については、その都度、別途協議するものとする。

以上のとおり遺産分割協議が真正に成立したことを証するため、本遺産分割協議書を３部作成し、各々が署名、実印を押印のうえ、各自１部を保有する。

令和●年　　月　　日

相続人（甲）
　住所：
　氏名：

相続人（乙）
　住所：
　氏名：

相続人（丙）
　住所：
　氏名：

遺産分割協議書の例

遺　産　目　録

1　預金

●●銀行　普通預金(口座番号：●●)　　●円

(2)●信用金庫　普通預金(口座番号：●)　　●円

2　不動産

土地(借地権)

所　　在　●区●町

地　　番　●番●

地　　目　宅地

地　　積　●㎡

建物

所　　在　●区●町●番地3

家屋番号　●番●

種　　類　居宅

構　　造

床 面 積　1階　●㎡

2階　●㎡

3　負債

●銀行　金銭消費貸借契約(カードローン)　●円

以　上

りでもいると家庭裁判所に調停を申し立てることになります。遺産分割調停のなかでも決着がつかなければ、裁判官による分割の審判が行われます。

遺産分割協議には期限が設けられていませんが、相続税の申告と納税の期限は10ヶ月と定められています。延長は認められておらず、遅れた場合には税制上の優遇措置を利用する権利が失われる可能性や、追徴課税が課せられる可能性もあります。

⑤不動産登記の名義を変更する

相続する遺産に不動産が含まれる場合、権利者変更の登記手続きを行います。これを「相続登記」と言います。

「現金化して相続人で分割したい」「不動産が遠方にあり、管理ができないので手放したい」など不動産の売却を希望する場合でも、いったん不動産名義を故人から相続人に変更する必要があります。

法改正により2024年4月1日から相続登記は義務化され、売却するしないにかかわらず、登記変更の手続きが必要になります。相続をしてから3年以内に相続登記を済ませなければ10万円以下の過料を科せられる可能性があるので注意が必要です。

不動産の分割方法が決まったら、不動産の所在地を管轄している法務局で所有権移転の登記申請書を提出します。名義変更の手続きは司法書士に依頼をするか、自分で法務局に必要な書類を揃え、一緒に登記申請書を提出して手続きを進めることも可能です。

申請書には決まった用紙がないため、法務局のホームページにあるひな型をダウンロードして使うか、必要項目が記載されていれば手書き、パソコンで自作したものでも構いません。

手続きは遺族でも問題なく行えますが、手続きが煩雑で必要な書類も多岐にわたるため、司法書士をはじめとした専門家に依頼をする人が多いと思います。

⑥相続税の計算

相続税は相続をする際に必ず発生するものではなく、受け取る金額がある一定以上のラインを超えると支払い義務が発生します。相続税が課税額に満たなければ納税の必要はなく、申告も不要です。

手元の現金や預貯金についての、控除金額を割り出す計算式はこちらになります。

相続税の基礎控除を確認する計算式

3000万円＋（600万円×法定相続人の数）＝相続税の基礎控除額

例）夫が亡くなり、妻と子ひとりが相続をする場合

法定相続人は2人なので、以下の計算式となります。

3000万円＋（600万円×2人）＝4200万円

上記の家族構成の場合は、相続総額が4200万円までは申告と相続税の支払いは不要です。

不動産は査定を行ってこの式に当てはめることになりますが、土地や建物の評価はさまざまな要因が絡むため、専門家以外が正確な金額を出すのは難しい分野です。他の書類作成などは自分たちで行う場合でも、相続税を軽減する特例がどこまで利用できるかの判断も含めて、専門家への依頼をするのがオススメです。

⑦相続税を申告、納付する

相続税を納付する期限は、相続があることを知った日の翌日から10ヶ月です。故人とよほど疎遠でなければ、故人が亡くなった日の翌日から10ヶ月と考えてください。

支払いは、基本的には現金で一括払いのみとなります。

相続税の金額が大きくどうしても支払いが一括で行えない場合には、期限内に「延納申請書」を提出し、不動産屋有価証券などの担保を提供できること、さらに支払いが難しい正当な理由が税務署に認められる場合のみ5年以内で延納が認められます。

REAL ESTATE TROUBLE

相続トラブルのほとんどは、「共有持分」問題！

共有名義不動産とは？

「共有」とは、一つのものを複数人で所有している状態を表します。たとえば夫婦ふたりで利用しているパソコンやテレビは、ふたりの共有物です。もしも新しいノートパソコンを夫が購入して、自宅でリモートワークをするようになった妻にプレゼントしたとしたら、そのノートパソコンは共有物ではなく妻だけの物になります。

この状態を不動産に置き換えると「元は夫の名義だった自宅が、夫の逝去により妻に相続された」や、「妻と子のふたりに相続された」となります。妻ひとりであれば本人だけの持ち物となりますが、子どもとふたりで相続する場合には妻と子ふたりの共有持分となるのです。

不動産に関しては遺言の段階で、「自宅は妻に相続する」「不動産はすべて長男に継がせる」など指定されていることも少なくありません。

しかし実はこうした遺言によって、本来であればそれぞれの遺族が遺産から相続できるはずだった割合（遺留分）を無視して、特定のひとりに多くの財産が集中してしまう状態を生み出してしまうことも起きうるのです。

もしも相続人が複数人いて自宅を妻が引き継いだとして、その自宅の評価額と同額以上に現金や他の不動産・証券などの財産があるなら何も問題はありません。妻の法定相続分は1／2ですから、引き継いだ土地以外の残りの1／2分の財産を他の相続人で分ければいいのです。

そうは言っても不動産は高額になるケースが多いものですから、〝指定された不動産以外には預貯金のみで、そこまでの金額に満たない〝場合が多くなってきます。そうなると前述のテレビやパソコンと同じように、遺産を分けるべき家族で自宅を共有して相続する……ことになるのです。

なお不動産を共有する際には、1／2や1／3などきっちりと割れる数字である必要はありません。33：67など他の相続物との兼ね合いを取りながら持分を決めることができます。

【遺留分（法定相続分）】

遺留分とは遺産を分ける際に、法定相続人が受け取る最低限の割合を保証するものです。

もしも遺言によって、「遺産のすべてを妻に相続する」「長男には一切の遺産を継がせない」など指定があったとしても、権利を主張することで決められた範囲までは遺産を取得することができます。

ただし、遺留分は〝必ず取得しなければいけない〟訳ではありません。法定相続人の全員が納得している場合には、遺留分の範囲を超えた相続が認められています。

相続後には、「相続登記」を忘れずに

不動産の名義を故人から相続人に変更することを、「相続登記」と言うことは以前に述べました。

法務局に相続した旨を届け出ることで、家族間の取り決めから、公式に不動産の所有者が変わったことが認められたことになります。

遺産分割協議で不動産を分け合った場合には、共有者全員が署名・捺印した遺産分割協議書の添付が必ず必要となります。

相続登記については、これまで必ずしなければいけないものではありませんでしたが、法改正され、2024年4月1日から義務化されます。

2024年4月までは義務ではないから、相続登記はしなくていいかと考える人も

いるかもしれませんが、これまで多くのトラブルを見てきた立場から、相続登記はできる限り早くに済ませておくことをオススメします。登記さえしておけば、避けられたはずのトラブルがあまりにも多いからです。

遺留分を超えた相続をする場合には、必ず登記を！

かつては遺留分を超える分の相続があっても、その内容が正式な遺言に明記されていれば、登記（名義変更）が遅れても遺言の効力によって自分の権利を主張することができました。

しかし、2019年に行われた民法（相続法）の改正によって、**登記を故人名のまま放置していた場合には正式な遺言があったとしても、登記が行われていなければ自分が相続したはずの不動産だと主張ができない決まりになりました。**

つまり、新しい相続法では夫が長男に自宅を相続する遺言を残したとしても、その内容に納得していない弟が先に相続登記を行うことで、弟が自宅の権利を持ち売却を行えるようになります。

さらに自宅を売りに出し、第三者に購入されてしまった場合には、本来の権利者である長男が「この家は、自分のものである！」と主張することができなくなってしまったのです。

今後は「遺言があること」に安心せず、引き継いだ遺産はしっかりと自分で守る行動を取ることが必要になってきます。

共有者が多いほど揉める！関係性が良くても避けたい、共有持分の罠

二世帯や三世帯で住んでいたり、住んでいる場所はそれぞれ遠くても「兄弟・姉妹

間の仲はいいから、共有持分にしても揉めるはずはない」「むしろ皆で共有することによって、今後も仲良くしていけるのではないか」と、不動産を相続する際にあえて共有持分を選ぶことがあります。

遺言書をこれから書く方も、これから遺産分割協議をする方も、次のことは必ず頭に入れておく必要があります。**今後も親子・兄弟・姉妹の関係を良い状態で保っていくために、不動産を共有持分にするのはやめましょう。さらに共有人数が増えるほど、揉めやすい傾向にあります。**

今の時点では、共有を検討している人たち同士の仲は良好かもしれません。**けれども不動産を共有したせいで、その関係性が崩れてしまうケースが山のようにあるの**です。その方たちは関係性が良かったからこそ不動産を共有にし、その選択の結果、取り返しがつかないほどの仲違いをすることになっています。

私は個人的にも、せっかくのいい関係性を壊してしまう可能性が高い選択を、あえて選ばないでほしいと願っています。また、お互いの子どもや孫の代になれば、関係性や距離感は変わってくるものです。そうした未来を見据えて、共有をしないでおくことは大事な子や孫同士を争わせない優しい配慮になるのではないでしょうか。

不動産の共有にメリットは少ない

一つの不動産を共有で所持することに、メリットは多くありません。これは相続で妻や子が共有持分となる場合だけでなく、夫婦間でも同じことです。もしも離婚をすることになった時に、まず対処を考えないといけないのが共有名義の不動産になるからです。

当相談室で相続対策のためにご相談にいらした方には、「相手が誰であっても、不動産の共有はやめた方がいいです」とお伝えしています。

たとえば、仲のいい妻と子ふたり（仮に子Aと子Bとします）の計3人で自宅が建つ土地を相続したとします。

もしも、子Aが緊急で資金が必要になって、手元に現金がないとしたら不動産の持分を売りたいと考えるのは自然なことでしょう。けれどもその家には、もう一人の子Bと母親が住んでいるのだとしたら……。

残りのふたりは、「売りたくない（売れない）」と言うでしょう。不動産を売りたいAはそれでも自分の持分だけを強引に売ろうとするか、ふたりに「自分の持分を買い取ってもらえないか」と持ちかけるかもしれません。

資産が土地である場合、そこに住んでいるうちは、〝土地＝お金〟ではなく〝土地＝絆〟のようなイメージが強いのだと思います。それが、急にお金が必要になった時に、絆だったはずの土地がまとまったお金として見えるようになってくるのです。その瞬間から、揉め事になります。

親子や兄弟・姉妹間など身近な関係性でさえ、こうした問題が起きます。これが妻から子に、子から孫にと持分が引き継がれ関わる人数が増えるほど、問題が発生する可能性が高まっていくのです。

REAL ESTATE TROUBLE

トラブルになる前に共有持分を解消しよう

解消するための3つの方法

相続による不動産トラブルを未然に防ぐ方法として、当相談室では「**譲渡**」「**買取**」「**分割**」の3つを推奨しています。せっかく関係性の良い家族なのですから、信頼関係があるからこそ取れる方法で揉め事を回避していきましょう。

譲渡：遺産分割協議で不動産の持分割合を決める際、または実際に配分をした後でも共有者同士で話し合い、特定のひとり以外は不動産の持分を手放しその権利を譲渡します。

実際にその物件に住んでいる人、一番縁が強い人に権利を集めるのが全員の納得を得やすいでしょう。

買取：「自分の持つ共有持分の範囲だけでも売りたい（現金に代えたい）」と考えた場合、売ることに反対する他の権利者に、自分の持分を買い取ってもらう方法です。遺産分割協議の段階でも、権利者同士で買取をしてもらうことが可能です。

分割：建物が建っていると難しいのですが、土地だけの相続であれば線を引いたように土地を地図上で分け、持分に応じて分筆登記することも可能です。ただしひとつの土地であっても日当たりや道路に面しているか、木々や不要な建物がないかなどで大きく地価が変わるため、専門家による査定が必要になります。

※分割されている土地であれば、他の所有者の了承を得ずにその部分だけ売却することも可能です。ただし、共有されている土地の一部を購入してもトラブルになりやすいため、買い手がつきにくい傾向にあります。

相続後に土地を分割し、売られないようにする「共有物不分割登記」

土地を複数名で相続した際に、共有者全員が「この土地を分割しないように（売らないように）しよう」と同意をした場合には共有物不分割の登記を行うことができます。この特約があると、最長5年の期限で土地の分割を禁止できます。

自動更新はできませんが、再度手続きを行うことで5年間の更新が可能です。

〝共有持分は回避できないけれど、今後も土地を売らないように全員の同意は取れる〟〝夫の逝去後土地の権利を残りの家族で分けたが、妻が存命中は売却はしないようにしたい〟ような状況であれば、5年ごとに更新を続ける共有物不分割登記を活用するのも得策です。

どうしても共有物を分額したい場合は「共有物分割請求」

「共有物分割請求」とは、2人以上で共有名義になっている不動産の共有状態を解消する権利です。

相続した不動産をとりあえず共有名義にしたが、共有者のうちの誰かが「共有持分を現金化したい」「土地を有効活用したい」といった事情がでてきたときに活用されます。

共有者の1人から共有物分割請求が出された場合、他の共有者は共有状態の解消に動かなければなりません。まず、共有者全員で協議を行い、それで話がまとまらなければ調停、調停でもまとまらなければ訴訟というように、最終的には裁判所での和解協議や判決によって共有状態が解消されます。

主な解決方法は、不動産を物理的に分ける方法「現物分割」、共有者のうちの1人が不動産を取得し、残りの共有者は持ち分に相当するお金を受け取る「代償分割」、不動産を売却して売却代金を持ち分に応じて配分する「換価分割」の3つがあります。

ただ、現物分割はほとんど行われず、代償分割、換価分割のどちらかの方法で解決されることが多いです。

共有不動産を現金化したい、共有不動産を有効活用したいのに、他の共有者が取り合ってくれないという場合は、「共有物分割請求」を活用することを検討してみてください。

それでもやっぱり必要なことは「事前相談」です。当相談室では、共有持分の解消や共有持分がきっかけで起こったトラブルの解決など、お客様の状況に合わせたコンサルティングを行います。

Column

今注目されている家族信託を活用してトラブルを避ける

「家族信託」とは、信頼できる家族や親族に不動産を含めた財産を託して、管理と運用を任せる仕組みのことです。

遺言で相続をした場合、自分の財産を誰に渡すかまでは指定ができます。けれどもその先、配偶者の死後に残った分をどうするかまでは、遺言に記載はできても法的効力はありません。

その点、家族信託であれば自宅と土地は妻に、さらに妻も亡くなった場合は長女に……等、次の相続以降の財産を託す相手まで指定することが可能です。

さらにあらかじめ、自分が認知症や病気や怪我などで資産を運用できなくなった時に備えて、指名した家族や親族に財産の管理を任せること

配偶者居住権の仕組み

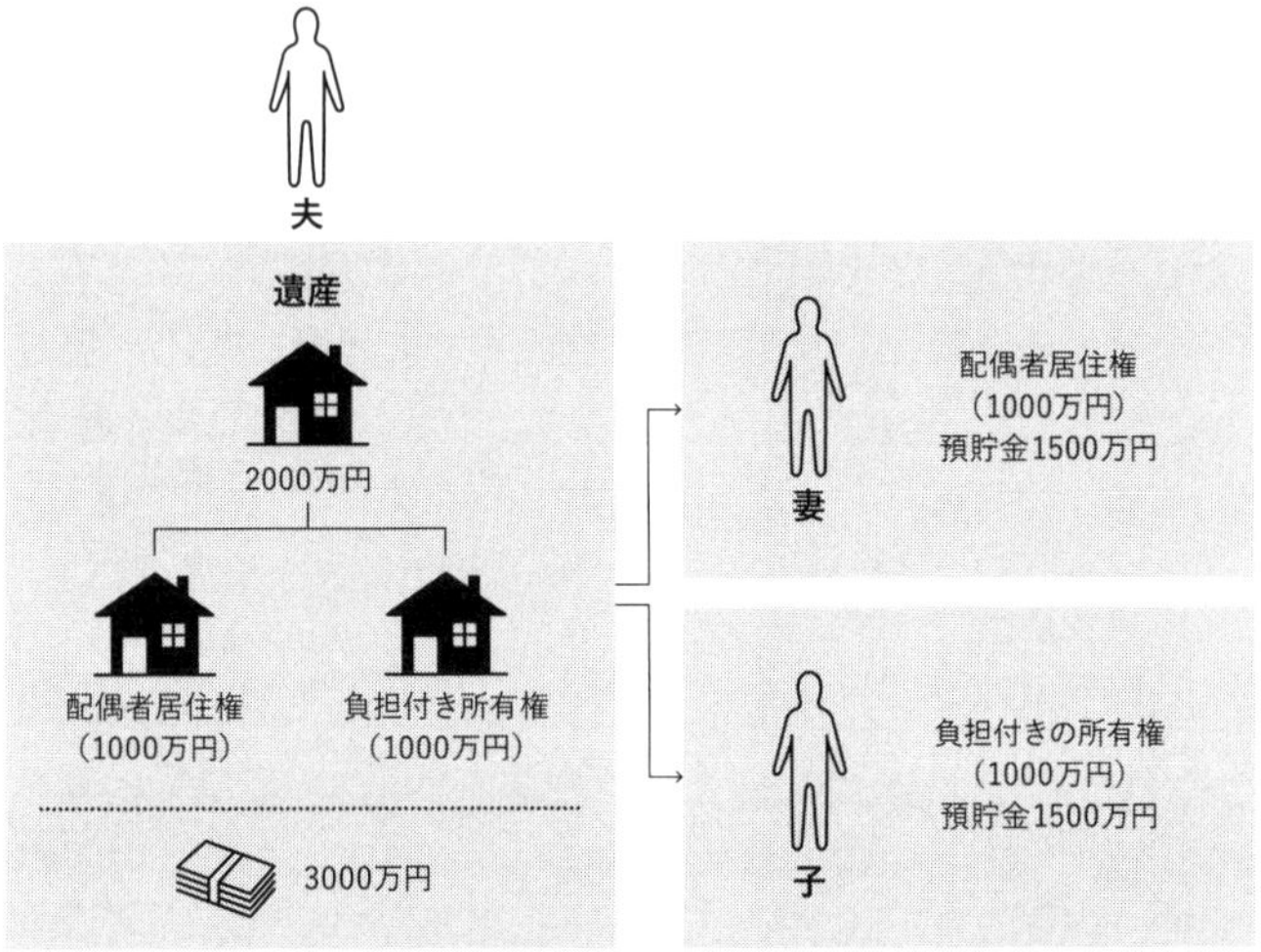

ができます。

　この内容は一見すると成年後見人制度に似ていますが、家族信託は成年後見人と比べるとより柔軟に財産運用をすることが可能です。具体的には、成年後見人では家庭裁判所への定期的な報告が義務づけられており、財産の活用であっても本人に明らかなメリットがないと運用ができません。

　それが家族信託の場合では、本人が元気なうちに指定した方針に即した内容であれば、託された相手が柔軟に資産を運用することができます。

また、遺言と異なり開始時期は逝去時に固定されることなく、託す相手と共に話し合い好きな時期に決定することが可能です。

他の遺族とのトラブルを招かないようにするために遺言書とセットで使うこと、契約書を作る際には弁護士や司法書士などから家族信託に強い専門家を探して、サポートをしてもらうようにしましょう。当相談室でも家族信託に強い専門家のご紹介も行っています。

REAL
ESTATE
TROUBLE

相続時に配偶者が住む家をなくさないために

配偶者居住権と配偶者短期居住権

「配偶者居住権」は、2020年4月1日に新しく施行された法律です。

かつては配偶者を亡くすと、相続で必要な現金を用意するために今まで住んでいた自宅を手放さざるをえなくなったり、自宅を相続するために法定相続分の枠を使い切ってしまい、夫婦で貯めてきた預貯金を手放さなければいけないといった問題が続出していました。

そのため、故人の配偶者が住み慣れた家で引き続き安心して暮らせるように、「配偶者居住権」と「配偶者短期居住権」が作られました。

【配偶者居住権】

「配偶者居住権」は、故人と一緒に生活をしてきた配偶者の「自宅に住む権利」と「所有権を含めた、その他の権利」に分離をさせた新しいシステムです。

この権利をつかうと、**配偶者は故人と住んでいた建物を相続しなくても「自宅に住む権利」を得られ、終身または自分が望む一定期間、その建物に無償で住み続けることができます。**

配偶者居住権を取得することで、今までは生活費のために泣く泣く自宅を手放してきたケースでも、今後の生活費を手にしながら自宅で暮らし続けられるようになりました。

配偶者居住権は、相続が発生した時に自宅で同居していた配偶者にだけ認められます。

また、この権利は自動的に得られるものではなく、寄贈か遺産分割協議によって得られる権利となります。
権利を取得する場合には、登記の申請が必要となります。

【配偶者短期居住権】

「配偶者短期居住権」は**配偶者居住権を取得しなくても、故人と一緒に生活をしてきた配偶者が一定期間は同じ場所で生活を続けていける権利です。**

このルールができたことで配偶者が自宅を手放す場合でも、無償で6ヶ月間はそのまま自宅で過ごす生活が保障され、相続財産の現金化のために急いで自宅を追われることはなくなりました。

本権のみの行使であれば、届け出をする必要はなく、すべての対象者に適用されます。

権利が認められるのは配偶者居住権と同様に、相続が発生した時に自宅で同居していた配偶者だけとなります。

Column

相続に関する豆知識

相続放棄

相続放棄とは、被相続人の財産を相続する権利の一切を放棄することです。

相続財産には、預貯金や不動産などのプラスの財産だけでなく、借金などのマイナスの財産も含まれます。相続放棄をすると、プラスの財産、マイナスの財産、いずれも相続する権利がなくなります。

被相続人の財産が明らかにマイナスの財産が多い場合や、他の相続人との争いに巻き込まれたくない場合などには、相続放棄を検討すべきでしょう。

相続人不存在の場合の処理（相続財産管理人選任）

相続人不存在とは、被相続人の財産を相続する人がいない状態です。法定相続人がいない、もしくはすべての法定相続人が相続をしない、できない場合です。

相続人不存在のときの被相続人の財産は、遺言書があれば、遺言書で指定された人が相続します。相続人がいない場合、非相続人と特別の縁故がある特別縁故者が財産分与の申し立てをすることができます。遺言書もない、特別縁故者もいない場合は、国庫に帰属し、国のものとなります。

相続人不存在の場合、被相続人の財産は「相続財産管理人」が管理します。被相続人にお金を貸していた債権者か、遺言書で指定された相続人か、特別縁故者が家庭裁判所に申し立てをすることで、家庭裁判所から相続財産管理人が選任され、その後、相続財産管理人が必要な手続きを処理します。通常、相続財産管理人は弁護士が担当します。

第4章

よくある不動産トラブルとその対処法

借地編

マンガでわかる！

借地の不動産トラブル

あなた、ちょっと相談があるんだけど…
どうしたんだ？
隆史（62歳）
実は…最近加藤さんのところが地代を払ってくれてないのよ
本当か？今までそんなことなかったのに
もう3ヵ月も滞納してるのよ
何かあったのかもしれないけど
あなたの方から加藤さんに催促してくれないかしら？
わかった
週末にでも訪ねてみるよ
ピンポーン
はい、どちらさま…
い、池松さん!?

急に訪ねてすまないね
地代のことでちょっと話がしたくてね
申し訳ございません地代の滞納のことはわかってます
ただ、どうしても今払えない事情があって…
加藤さんは今まで滞納なんてなかったから
何かあったんだろうとは思ってたけど何があったんだい？
株式会社〇〇
実は友人と始めた会社がうまくいってなくて…
それと、娘の進学で学費の出費が重なってしまったんです
加藤拓海（45歳）
そういう事情なら相談してくれたらいいのに
で、会社の方はうまくいきそうなのかい？
いえ、もう難しいと思って新しい就職先を探しています
また働き始めたら必ずお支払いしますから
もう2カ月だけ待ってもらえませんか？お願いします！
わかりました
加藤さんとはお父さんの代からのお付き合いだし連絡をお待ちしていますよ

3ケ月後
加藤さんのところはどうだ？ 地代払ってくれたかい？
それがぜんぜん！ 先月払うって約束だったのに連絡もなかったわ
それは困ったな…
加藤さんのところは俺の親父が口約束ではじめたから
書面で契約を交わしていないんだよな
もし、このまま滞納を続けられたら…
払うって言っていた期日も過ぎてるし
一度弁護士に相談してみましょうよ
そうだな
あまり気が進まないけど仕方ないか
木村弁護士事務所

状況はよくわかりました
契約書がなくてもこれまで地代を支払ってきた実態があるのであれば
契約内容を証明することは可能でしょう
よかった！契約書がないので心配だったんですよ
今後のことですが通常だと内容証明を送って催促し
それでも支払いがなかったら契約解除や立ち退き請求することも可能です
木村圭吾（51歳）
そうですか…そこまではしたくはなかったんですが
仕方ないのかもしれませんね
ただ、少し気になることがあるんですよ

以前池松さんのように地代滞納でお困りの地主さんが相談にみえたんですが
結局、相手に地代を払ってもらえなくて契約解除になったんです
契約書
その後その土地を売却したら
「安い地代をもらい続けるよりもずっとよかった」と
お礼を言われたことがありまして
売却ですか…考えたこともなかったな
その地主さんも全然考えてなかったそうですが
フム
フム
どこかに相談したらいろいろ試算してくれて
結局、売却したほうがいいという結論になったそうですよ？
たしか…
不動産あんしん相談室
って言っていたかな？

借地にかかる法律は複雑なため
地主と借地人との間に様々なトラブルが発生する可能性があります
特に、地主にとって底地を借地として貸すことが
収益につながっていないケースもあるんです！
所有している土地を借地をして貸している地主の方
逆に、借地を借りている方も
どのようなトラブルがあるのかこの先を読んでおきましょう！

REAL ESTATE TROUBLE

複雑な借地について理解しておこう

借地とは？

借地とは言葉の通り、「借りている土地」のことを指します。

以前は土地を所有できるのは地主など特別な人のみで、〝家を建てる＝土地を借りて、その上に自分で家を建てるのが一般的〟だったことで、それにともなって土地を借りた人の権利が強く守られていました。

けれども近年では土地を購入するハードルが下がり、一般の私たちでも住宅を建てるために土地を購入することができるようになっています。

平成に入ってから借地権法の改正があり、以前に比べると土地を借りている人の権利が弱くなりました。そうしたことから、借地に建てた住宅を売りたくなっても売却がしづらい、相続の際に引き継ぎにくいなど、よほど都心部で人気のエリア以外では借地を借りてまで家を建てるメリットは少なくなっています。

本項では借地権と新旧の借地権法、借地でトラブルになりやすい点、借地の売却をしたい時に気をつけるべきポイントなどについて詳しくお伝えしていきます。

購入した土地と借地の違い

土地を借りて「借地権」を得ることで、契約期間中であれば自分の土地と同じように建物を建ててそこに住むことができるようになります。

賃借契約の間は住居の賃貸契約をしているのと同じように、毎月地主に対しての地代を支払います。

借地に建てられた住宅であっても、基本的な生活は持ち家と変わらないのですが、増改築や一部のリフォーム作業に関しては地主の許可が必要となります。また、借地の上に建っている住宅を売却する際には、所有者本人であっても地主から許可を得ないといけません。

借地だからこそ起こりやすいトラブルは、周辺の土地が人気となり路線価が高沸したことで「地代を上げたい」と地主から申し出があるケースです。このような値上げ交渉は、根拠のある値上げであれば地主側がいつでも行っていいことになっています。もしも拒否をした場合には、調停や裁判となる可能性があります。

借地権とは？

借地権とは、建物を建ててそれを所有するために土地を借りる権利のことです。

法律のうえでは借地借家法の2条1号で、「建物の所有を目的とする地上権又は土地の賃借権をいう」と定められています。あくまで土地の上に建物があることが前提のため、青空駐車場のような土地をそのまま使う用途では借地権の対象となりません。

地上権と賃借権の比較

	地上権	賃借権
登記の義務	あり	なし
抵当金	設定可能	建物のみ設定可能
譲渡・転貸	地主の承諾がいらない	地主の承諾が必要
担保として提供	可能	不可
存続期間	最短30年	20年以下 ※借地借家法が適用される場合最短30年

【地上権と賃借権】

借地権には2種類あり、「地上権」と「賃借権」に分かれています。

地上権も賃借権も同じように第三者から土地を借りて上に建物を建てる権利を表しますが、地上権の方がより強い権利をもちます。

地上権：地主の承諾がなくても、地上権の登記や権利の譲渡、賃貸に出すことができる

賃借権：登記や第三者への権利

譲渡、賃貸を行う場合には地主の了承が必要

地上権のもつ権利が圧倒的に強く地主にとっては不利な点が多いため、現在では借地権のうちほとんどが賃借権となっています。また地上権は最短で30年、永久とすることも可能な権利で、橋やトンネル、地下鉄設備などの建造物を作る際に採用されます。

借地権の新・旧法の違い

借地権について問題になりやすいのが、借地権の元になる法律に「新法」と「旧法」があることです。どちらを参照するのかは、借地権が平成4年8月1日以前に成立しているか、それ以降に成立しているかで判断をします。

旧法は地代の上限が決められており、さらに建物が存続していれば半永久的に住み

続けられる借主に優しい法律でした。基本的には土地の値段を安くし、値上げもしないまま契約を更新し続けることを前提とした地主側にとっては利点の少ない契約です。

そこで、平成4年になってようやく周辺の地価に合わせて地代を値上げすることや、更新時には土地を返してもらいやすいように地主と借主双方のバランスを取った新法が制定されました。

定期借地権とは?

平成4年の新法「借地借家法」の制定にともない、「定期借地権」が新たに定められました。この定期借地権とはある一定の期間だけ、土地を借りることができる権利のことです。

あらかじめ決められた契約期間の満了時に借主の借地権が消滅するため、契約更新はできません。50年以上の契約期間を定め、契約期間が満了すると更地にして土地を地主に返還しなければいけない決まりです。

最近ではマンションを建てるために、定期借地権を提案する地主が多いようです。

注意する点としては、定期借地権は必ず書面での契約を行わなければいけません。他の借地権は口頭での約束が有効となりますが、書面契約のない定期借地権は無効となります。

借地権のメリットとデメリット

ここでは、借地の代表的なメリットとデメリットをまとめていきます。

メリット

・土地を購入するより、安く建物を建てられる

・借地契約が終了したら、建物を地主に買い取ってもらえる
・土地の取得税や固定資産税の支払いがない
・旧法の契約であれば、半永久的に住むことができる

デメリット

・相続の際に、権利関係が複雑なので所有の土地よりも揉めやすい
・土地を所有できないため、金融機関のローンが通りにくい
・建て替えや一部のリフォーム、譲渡に地主の承諾が必要となる
・借地上に建てた住宅の売却がしにくい

土地を購入するのに比べて、借地は長期間借りても費用を安く抑えることができます。しかし、土地を所有するわけではないので担保が設定できないため、銀行や公的機関からの融資は受けづらくなります。

また旧法地代は売りに出ている土地が少なかったことで、借地が家を建てるための

一般的な方法でしたが、ここ最近では東京都内の人気エリアや店舗用などよほど条件が揃った場所以外では借地の流通そのものが減りつつあります。

借地権の相続

借地権のやっかいなところは、口約束でも契約が成立することです。

現代の話であれば、最初に借地権の契約をした際には口頭での約束であっても、地主と借主がお互いのために契約書にまとめることがほとんどだと思います。

しかし、旧法の時代ではとくに「祖父の地代から地主の○○さんに、口約束で借地を借りている」ということや、「契約書上の期限は切れているが、口頭で更新をお互いに確認してそのままずっと住んでいる」というケースも多いのです。

お互いが存命で信頼関係が築かれている関係性ならば何も問題はないのですが、当相談室でも地主や借主が子どもや孫の代になってトラブルが起き「契約状況が証明できない」と相談に訪れる方が増えています。

つい先日も困り果てて相談に見えたTさんも、曽祖父の代からずっと同じ借地に住み続けていた方でした。

父親が亡くなり、相続を行おうと借地の契約書を見るとずっと昔に契約の期限が切れていたことが分かりました。「歴代の地主さんとの関係も良好だったので、これまで誰も借地に期限があることに気を止めなかった」そうです。

今後に大きなトラブルにならないようにと、地主側に改めて正式な契約更新と新しい契約書の作成を持ちかけたところ、代替わりをしていた地主の息子さんから「現代の地代に即した金額で、借地権は新法の扱いでないと更新はしない」と言われてしまったとのこと。

最初にTさんの曽祖父が借地の契約をしたのは旧法の時代でしたから、地代は大変安く金額の調整もされることなくそのまま支払ってきていたのでした。

もしも現代の周辺相場に地代を合わせると、毎月の支払いが大幅な値上がりとなります。「父親が亡くなる前に家をバリアフリーにリフォームしたばかりで、とても今後ずっと提示された金額を支払っていくのは難しい」と頭を抱えていました。

この件では当相談室が紹介した弁護士が間に入り、地主さんと今後支払っていく地代について交渉を行いました。その結果、以前の額よりは値上がりはしたものの、提示された金額よりはずっと安く住み続けられることになりました。

話し合いを続ける過程で、親族からも「定住するか分からない次の人を入れるよりも、代々続いた店子さんを大切にした方がいい」と助言があったそうです。

REAL ESTATE TROUBLE

借地にまつわるトラブルあれこれ

長期間の契約がトラブルの温床に?

もともと日本では土地に対して「先祖代々引き継いできた土地は、売ってはいけないもの」という考え方が主流でした。そのため売地自体の流通が少なく、売らずに土地を活用する方法として借地のしくみが浸透していったのです。

近年では流通している土地の多さを見ても、しきたりが強く残る一部の地域以外では、必要に応じて自由に土地を売れるようになっている様子が見受けられます。

借地はオーナー側から見ると土地の所有をしたままで資産運用ができ、借主側は土地を購入するよりもずっと安く住宅を建てられるメリットがあります。しかし一方では、長期間にわたって賃借関係が続く借地だからこその問題やトラブルも、数多く報告されています。

底地権が安すぎる

底地権（地主が第三者に貸して地代収入を得ている土地）を相続したが、契約が古く地代も安いまま更新され続けている

→旧法の時代に設定された地代が何十年も引き継がれていて、「利益を上げようにも、地代の更新ができない」と遺族が困るケースが増えています。「戦後すぐに貸した4万円の土地があるが、周辺相場では20万円になる。少しでも時代に即した値段にならないか？」というようなご相談が弁護士事務所によく寄せられています。

借地の契約満了後も退去してくれない

借地の契約が終了したにも関わらず、契約者が退去してくれない

→新法適用の契約書で明確な契約期間を定めているにも関わらず、借地権者が期間終了後もそのまま居座ってしまうケースもあります。以前はゴネ得のような形で、期限切れ後も退去の依頼に応じず数年にわたって住んでいるような方もいらっしゃいました。

現在では法律が整備され、契約期間満了後に更新をしていないにも関わらず元借地権者が退去しない場合には、裁判所を通し強制退去をしてもらうことも可能です。

そこまで大ごとにしたくない場合は、弁護士に依頼し、退去を促してもらうのも得策です。

保証金のトラブル

借地の契約を結ぶ際に数百万円の「保証金」を支払ったが、契約満了時に代替わりをしていた地主から「そんなに大きな金額はすぐに返せない」と言われた

→保証金はアパートやマンションを借りる際に支払う敷金と同じ性質で、賃借契約が終わると何事もなければ返還されるしくみです。住宅の賃貸よりも金額がはるかに大きい理由は、地代の支払いが滞った場合の担保としての扱いとなるためです。

保証金は地主が自由に決められるため設定に関してのルールは設けられていませんが、おおむね土地全体の価格における10％から15％になることが多いようです。

借地の契約を行った本人であれば、契約書の読み合わせなどで借地契約の完了時に保証金を返還することは把握しています。しかし土地の利用が長期間に及ぶ借地の性

質上、相続によって土地を引き継いだ妻や子ども、孫たちが状況を把握しておらず、返金が行えないトラブルが起こるケースが全国で増えています。

借地権付き建物が売れない

引越しを検討しているが、借地権付きの住居が売れない。借地を契約した際に不動産屋は「すぐに売れる」と言っていたのに、あてが外れてしまった

↓ひと昔前までは、借地権付きの中古住宅が「安く一戸建てに住める！」と人気で市場を賑わしていました。不動産会社のウインドウ掲示でもよく貼り出されていたのですが、最近ではあまり見かけなくなっています。

日本では住居用建物の価値が安く見積もられやすいため、土地のついていない上物だけの売買では想定していた金額では取引されないケースがほとんどです。そのため、

売る側がメリットを感じにくく流通が減っている一面があります。

さらに、以前に比べて通常の売地が値段やバリエーションも豊かに流通していること、借地での契約はトラブルになりやすいことが知られてきたことが、借地付き住宅が売れにくい理由だと思われます。

当相談室にも「借地権付きの建物が売れない」というお客様からの相談がよくあります。

あるケースでは、借地の建物の所有者と土地の所有者の間に当相談室が入り、話をさせていただいたところ、土地の所有者は土地の売却を前向きに検討していることがわかり、建物を買い取っていただいてから、古屋付き土地として売却することで解決を図りました。

借地権は、貸している方、借りている方、双方に意見があり、解決方法も様々ですから、諦めることなくご相談いただくことが良い結果につながると考えています。

第5章

これだけは知っておきたい不動産の基礎知識

REAL ESTATE TROUBLE

不動産取引は特殊であることを知っておこう

一般的な取引の違い

この章では、不動産の基礎知識として、とくに一般の方がわかりにくい、そしてトラブルになりやすい不動産の売却についてお伝えします。

さて、不動産の売買は、一般的な商品を購入する場合とは、購入手順やお金の流れが大きく異なります。ここではイラストを用いて、不動産取引で一般的に行われる仲介の方法について説明をしていきます。

仲介をする担当者は物件を売り買いするうえでの補助だけでなく、万が一トラブルが発生した場合にも依頼人の秘密を守り、できる限り希望の通りに取引が行えるよう

一般的な買い物の例

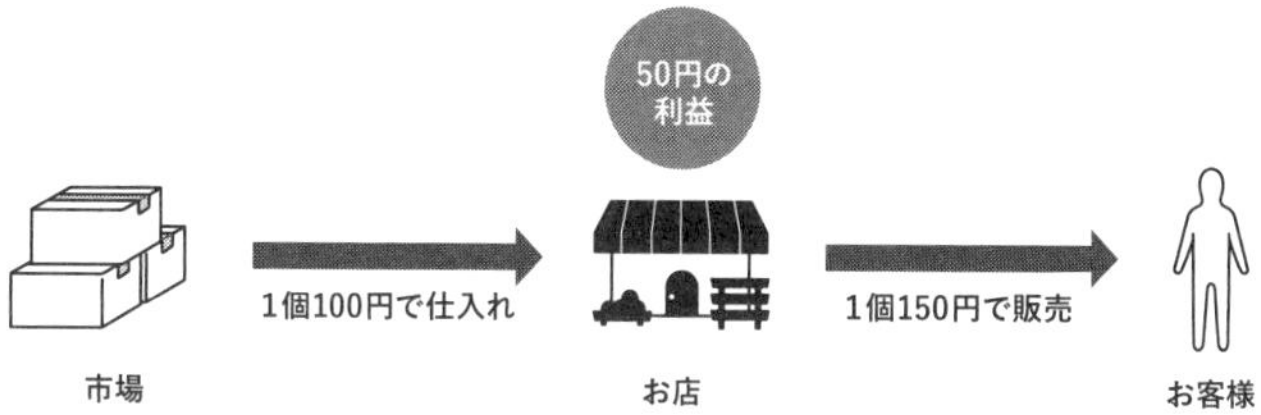

尽力してくれる存在です。

私たちが街のお店やインターネットショップで買い物をする時には、お店に直接、商品の代金を支払います。その商品をお店が仕入れによって入荷している場合は、お店から市場や出荷元への支払いも発生します。

不動産の売買では、「**仲介**」の仕組みを利用して物件の取引を行います。

売主側と買主側に、それぞれ宅

不動産の売買例

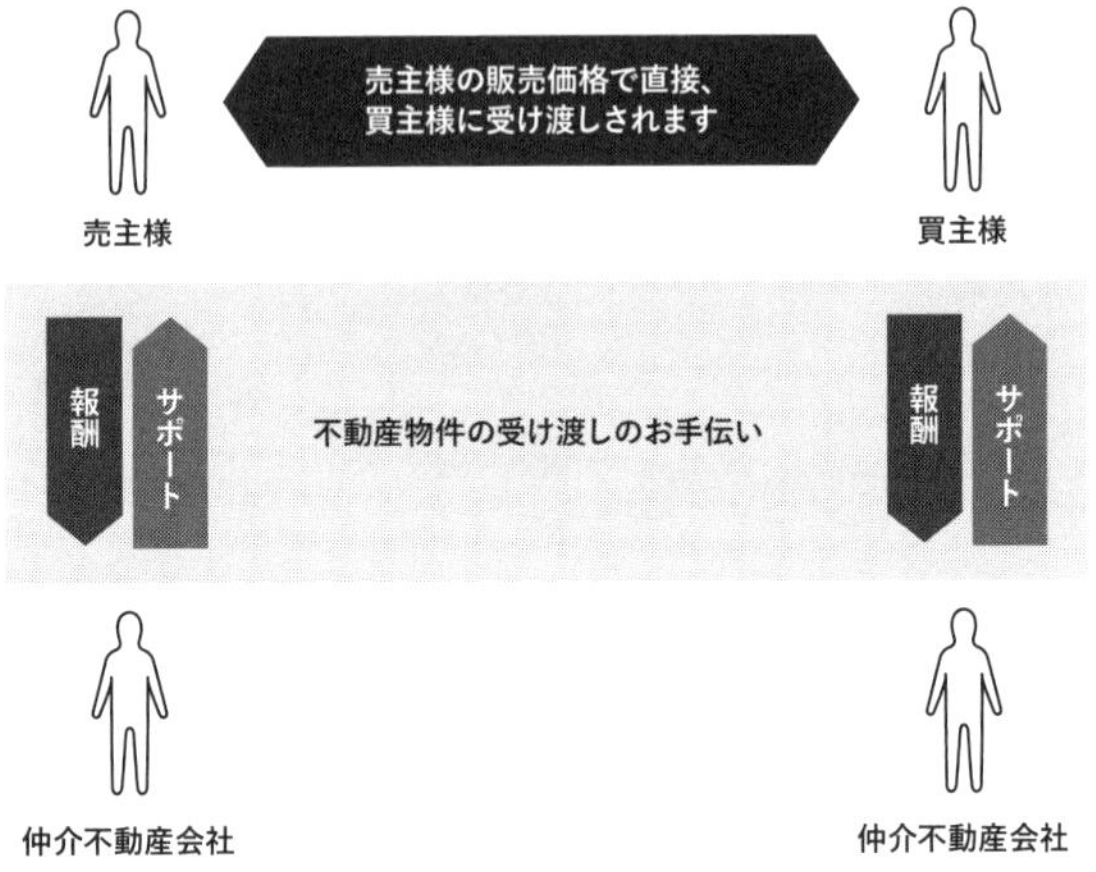

建業者の資格をもつ経験豊富な不動産会社の担当者がつき、物件を購入してくれる買主を探す等、さまざまなサポートや手続きの代行をします。

不動産取引は法律による特別な決まり事が多いため、専門家のサポートが必要になります。そして不動産会社の担当者はただ資格を持っているだけでなく、大切な家や土地を売る人のパートナーでもあるのです。売却を検討したらいくつかの会社と話してみて、自分にとって相談しやすい担当者を見つけることが満足のいく取引を行うためのポイントです。

REAL ESTATE TROUBLE

売却する前に知っておくべきこと

不動産会社と行う契約の種類について

宅建業者（不動産会社）を利用して土地やマンションなどを売却する際には、契約を取り交わす必要があります。この契約を「**媒介契約**」とよび、契約を結ぶことによって「**媒介契約書**」をつくります。不動産の売り出し価格や担当者への報酬額など条件面を決定し、売却に向けた計画をスタートさせる重要なタイミングです。遠慮せずに担当者とコミュニケーションを取り、不明点や疑問があればしっかり解消してから契約を締結させるようにしましょう。

媒介契約には3つの種類があります。それぞれの特徴について見ていきます。

【専属専任媒介契約】

・専属専任媒介契約では、売主が依頼できるのは不動産会社**1社のみ**。同時に複数の不動産会社と契約をすることはできない

・売主が自分で不動産を売る相手（購入希望者）を見つけて、直接契約や売買を行うことができない。友人や知人、親戚などであっても不動産会社を仲介する必要がある

・不動産会社は売却の成立に向けて積極的に活動し、さらに物件の情報を契約締結から5日以内にレインズに登録しなければいけない（※レインズについてはP197で詳細を説明します）

・**1週間に1回以上の頻度**で、不動産会社から売主に**販売活動の進捗について報告**する義務がある

・契約期間は最長で3ヶ月（更新可能）

【専任媒介契約】

・専任媒介契約でも、売主が依頼できるのは不動産会社**1社のみ**。同時に複数の不動産会社と契約をすることはできない

・売主が自分で不動産を売る相手（購入希望者）を見つけて、売却を行うことが可能。その場合、不動産会社を仲介する必要はない。

・不動産会社は売却の成立に向けて積極的に活動し、さらに物件の情報を契約締結から7日以内にレインズに登録しなければいけない

・**2週間に1回以上の頻度**で、不動産会社から売主に**販売活動の進捗について報告**する義務がある

・契約期間は最長で3ヶ月（更新可能）

【一般媒介契約】

・一般媒介契約では、売主は同時に**複数の不動産会社に売却を依頼できる**

・売主が自分で不動産を売る相手（購入希望者）を見つけて、売却を行うことが可能。その場合、不動産会社を仲介する必要はない。

・不動産会社は売却の成立に向けて積極的に活動することが求められているが、レインズへの登録や、**売主に販売活動の進捗について報告する義務がない**

・契約期間に定めはないが、一般的に3ヶ月とすることが多い（更新可能）

一見すると、この中では一般媒介契約がお互いを縛るルールが少なく、同時に複数の不動産業者に販売活動を依頼することで売却が早く進められそうに感じます。しかし、このケースでは他の業者も並行して動くため、他の二つに比べて担当者の意欲やモチベーションが上がりにくいのです。

また同時に契約できる不動産会社の数に縛りがないことは魅力的に思えますが、実際に数多くの会社と契約をすると各社とのやり取りが煩雑になりすぎてしまいます。現実的には、3社程度に依頼をするのがいいでしょう。

専属専任仲介契約と専任媒介契約に比べて販売活動の報告義務がないなどサポート

媒介契約の種類

	専属専任媒介契約	専任媒介契約	一般媒介契約
同時に契約できる不動産会社の数	1社のみ	1社のみ	何社でも同時に契約が可能
レインズへの登録	5日以内に登録	7日以内に登録	登録義務なし
販売活動についての報告ペース	一週間に1回以上	2週間に1回以上	報告義務なし
売主による自主的な物件売却	不可	可能	可能

が受けにくい分、売主側で販売戦略を決めてその通りに不動産会社に動いてもらいたい場合や、不動産の売却に慣れている方にオススメの方法です。

専属専任仲介契約と専任媒介契約は「同時に契約できる不動産会社の数」が、1つのみであることが共通点です。これらの方法は離婚や相続などで関係者が複数いる場合や、任意売却など状況を相談しながら進めていきたい場合に向いています。

専属専任仲介契約と専任媒介契約の大きな違いは、「売主による自主的な物件売却」を行えるかどうかになりますが、大きな金額の動く不動産取引を専門家が立ち会わずに実施することはリスクが伴います。当相談室では専任媒介契約を検討される売主さまには、信頼できる友人や知人、親戚などにのみ対象を絞る安全策を申しそえています。

契約の更新について

専属専任媒介契約と専任媒介契約では、契約の期間は最長で3ヶ月までと宅地建物取引業法により定められています。

一般媒介契約は特約をつけることにより自動更新にすることも可能ですが、上記2つの契約と同じように3ヶ月ごとの更新としている不動産業者が多いようです。

契約期間は契約書に明記する決まりがあるため、一般媒介契約で有効期間が不明の場合には契約書を確認してみてください。

専属専任媒介契約と専任媒介契約の場合、依頼主が望んだとしても自動更新にはなりません。契約上は3ヶ月を過ぎると自動的に解約となります。

更新を行う場合には依頼主から書面での申し出が必要とされていることもあり、実際には3ヶ月を過ぎる前に、不動産会社から更新の意思を確認する連絡がくるはずです。

契約の更新を行う場合

契約の更新は、以下の手順で進められます。

①不動産会社より、契約更新について連絡がくる
②更新を承諾した場合のみ、不動産会社から新しい契約書が届く
③契約内容を必ず確認のうえ、署名・捺印をして返送。契約更新が完了

依頼主が契約を続ける意思がある場合には、3ヶ月ごとにこの手続きを繰り返すことになります。

契約を解除したい場合には、3ヶ月ごとに訪れる契約更新のタイミングでその旨を伝えるだけで契約は終了です。

ルール通りに行う解約の場合、費用はかからない

媒介契約に関する費用は、不動産会社と契約をした段階では発生しません。対象の不動産が売れてはじめて、支払い義務が発生します。

そのため間取り図の広告出稿や店内への掲示等を行った場合にも、基本的には売買が成立しない限りは依頼主にそれらの請求がくることはありません。

イレギュラー対応として特別な販売促進を行う場合には、不動産会社から費用の支払いについて確認があるはずです。一般的な告知の範囲であれば無料で行われる作業

であることをご承知のうえで、提案された販売促進の内容を検討してください。

定められた期間以外での途中解約について

3ヶ月ごとに訪れる契約更新のタイミングであれば、解約に費用はかかりません。しかし、契約期間中の解約では違約金が発生する可能性があります。

また、不動産会社に不備がないにも関わらず解約する場合には、契約期間中にかかった経費を依頼主に請求できることになっています。この際には支払い義務が発生しますので、ご注意ください。

万が一、不動産会社が契約後にするべき業務を行わなかった場合、信頼できないようなアクシデントが発生した場合などは解約ができ、経費についても支払う必要はありません。

途中解約でも、費用がかからないケースの例

・専属専任媒介契約や専任媒介契約を結んだにもかかわらず、不動産会社が不動産を売るための広告掲載や活動を行わない場合

・依頼主との契約完了後、定められた期間を過ぎてもレインズへの登録を行わない。一定期間ごとに行うべき活動報告を行わない場合

・不動産の媒介に関わる情報について虚偽の報告や、故意に重要であるはずの事実を告げなかった場合

※もしも専属専任媒介契約や専任媒介契約の有効期間内に解約をする場合には、書面を作成し意思を伝えるようにしてください。後々のトラブルを防ぐためにも、口頭で合意が取れた場合でも必ず「（専属）専任媒介契約解除通知書」を送るようにしましょう。

このようなケースが考えられますが、実際に不動産会社が素直に納得して途中解約に応じてくれるかは別です。もしお困りの際は弁護士への相談をおすすめします。

REAL ESTATE TROUBLE

不動産売却で失敗しないために

売却の手順を知っておこう

こちらに「住宅や土地の売却を行う際の流れ」を詳しくまとめました。

実際に、はじめてマイホームや土地の売却を体験したお客さまへ「当相談室へ相談する前に不安を感じていたこと」についてアンケートを行ったところ、「不動産会社が行う査定の額は、適正なのか」「希望額で不動産が売れるのか」や「販売後の税金は、いくら払わなければいけないのか」などお金に対する不安が多く見られました。

そこで、ここからは不動産の売却をはじめて行う読者の皆さまへ、注意をしてほしいポイントや基礎知識など、売却に至るまでの流れを通して**失敗しないための不動産**

売却の手順をお伝えしていきます。

Step1 売却計画を立てる

最初に、売却の理由と目的を確認しましょう。

不動産を売りたいのはなぜですか？ 自宅を買い替えるため、離婚や生前整理で資産を整理するため、相続のため……などさまざまな理由があるはずですが、その内容によって売却金額や期限に目安や制限ができてきます。

計画のポイント

売却を行う理由によって、考えておくべきポイントが異なります。

計画時のチェックポイント

相続の場合
☑ 遺産分割協議を行い、完了していますか？
☑ 不動産を売ることに、相続人の全員が同意していますか？
☑ 売却の同意が取れた後、売却代金や費用分配などの合意は取れていますか？
※売却について同意していない相続人が一人でもいる場合、同意を得るまで計画を進めることができません。

買い替えの場合
☑ 新しく購入する物件の資金計画はすでに完成していますか？
☑ 今回の売却から充当しなければいけない金額は、いくらでしょうか？
☑ 売却する物件にローンは残っていますか？
☑ 売却・購入それぞれにかかる、仲介手数料や諸経費の概算見積もりは出ていますか？
これらをしっかりと確認したうえで、最低売却金額（最低でもこの金額で売れてほしい希望の額）を決めていきます。

Step2 専門家に相談する

次に、専門家に相談をします。ここで大切なのは、いきなり売却に進めようとしないこと。不動産会社の担当者から話を聞き、物件のある地域における現在の相場や、周辺環境の将来性なども含めて売却計画をブラッシュアップします。

「契約をする前の段階で、住所や個人的な情報を知らせることに抵抗がある」

そう思われる気持ちは、とてもよくわかります。

ただ、**不動産会社には守秘義務がありますので、相談者から提供された情報を承諾なく外部に伝えることはありません。**

契約書を交わす前の段階では開示したくない情報もあるかと思いますので、差し支えのない範囲でできる限りの情報を提供することによって、より役に立つアドバイスを受けることが可能になります。

不動産会社がアドバイスをするために必要な情報

①物件に関する情報	・所在・建物図面・測量図など ・土地、建物に関する資料・マイナス情報など
②売却目的、売却理由	・買い替え・相続・遺産整理・その他の理由
③知りたいこと、疑問点	・売却方法・税金のこと・相続のこと・その他

売却見込みや売却の見通しなどについては、売却したい不動産が取引の多い地域にあり流通しやすいタイプの物件であれば、下記①と②の情報を伝えることで、初回相談でも有効なアドバイスをもらえる可能性が高いはずです。

けれども取引が少ない地域で流通しにくいと思われるタイプの物件の場合には、現地調査を行なって具体的に判断する必要が出てきます。

不動産の売買で必要となる書類について

不動産の売却に際して以下の書類があらかじめ揃っていると、現実的に売れやすい価格をスムーズに算出することができます。

・不動産の権利書、または登記識別情報※

・登記簿謄本

・隣接する土地の境界を正確に明示したもの（筆界確認書、境界確定図、公図、地積測量図または確定測量図など）

・固定資産税納付書

・不動産を購入した際の資料（売買契約書や重要事項説明書、当時のチラシ、図面など）

・物件にリフォームや修繕があれば、その記録また、例えば「バルコニーから海が見える」「日中は日当たりがよく、四季を通して洗濯物がよく乾く」など、実際にその土地で暮らしてみないとわからない情報を担当者を介して購入希望者へ伝えることで、買主が早く決まるケースもあります。

つい建物の傷んだ箇所や土地の気になる部分だけをピックアップしてしまいがちですが、いいところもぜひ、不動産会社に伝えてください。

※登記識別情報　これまでの権利書の代わりになる書類です。不動産の名義変更が行われると、新たに名義人となった人の元に登記所から送付されます。もしも紛失してしまった場合でも、再発行はされません。手元にない場合には別の手段で名義人であることを確認することになりますが、通常の手続きよりも時間や費用がかかるため、なくさないように注意をしてください。

Step3 不動産の価格査定を依頼する

売却計画がしっかりと固まったら、不動産会社に価格査定を依頼します。この段階では費用も発生しませんし、査定を頼んだ会社で実際に物件の売却を行わなくてもまったく問題ありません。

契約を結んだ会社とはこれから一定期間のお付き合いが発生しますので、担当者との相性を見る意味でも不明点は気後れせずにどんどん質問してくださいね。

不動産の価格を知るための方法

土地や住宅の価格を査定する場合、いくつかの方法があります。

国土交通省が定める鑑定評価基準にもとづいた鑑定評価や、不動産鑑定士による「不動産調査報告書」などは遺産分割の際に厳密な査定として利用されますが、費用が高額になりやすいため一般的な取引で利用されることは稀です。

通常の不動産取引であれば、宅建士資格をもつ不動産会社の担当者が行う評価査定で問題ありません。

不動産価格は、高く査定してくれる会社がいい会社？

不動産会社に査定を依頼した際に、ほかの会社よりも高額な評価がつくと「この会社で売りたい！」と、つい思ってしまうかもしれません。

けれども、評価の価格が高いからといって、実際にその額で売れる訳ではありません。査定の額はあくまで「この金額で売れると思います」という、不動産会社からの見込み額だからです。

注意してほしいのは、まずは高額な査定価格を提示して契約を行い、数ヶ月ごとに「売れなかったから」と値下げ提案することを前提としている会社があることです。

私たちが不動産の査定についての見極め方を相談された際には、「どうしてその価格をつけたのか、値段の根拠を聞いてみて」と伝えています。

周辺の価格平均や売りたい不動産の特色から算出したなど、納得できる説明をしてくれるところを選びましょう。

また、不動産会社が決算や販売目標など、会社側の事情でさまざまな理由をつけて「○月中に契約を完了してほしい」など、販売スケジュールを押しつけてくる場合があります。そういう会社は避けてください。物件を売るのは、あくまで依頼主です。

価格査定は3社くらいを目安に、見積もりを取ってみましょう。

Column

WEBサイトの「無料査定」には注意を！

インターネット上の広告で、「不動産を無料査定してくれるサイト」を見かけたことはありませんか？

このようなサイトは一部の不動産会社が運営していて、所有している不動産の概要をフォームに入力し送信すると、電話やメールなどで簡易的な見積もり結果を伝えてくれる仕組みです。

一見すると、実際に不動産会社を訪れる前に概算でもだいたいの売却金額が把握できるのはいいことのように思えます。しかし、簡単に申しこめることを逆手に取って強引に不動産会社への来店や、自宅への訪問につなげようとする会社も存在しています。

また過去にはこうした方法で個人情報を収集し、集められた情報がデータとして転売されてしまった事件も起きています。

WEBサイトを窓口として誠実な仕事をされている不動産会社がほとんどではありますが、査定をしている担当者の顔が見えない環境での「無料査定」の利用は慎重に行なってください。

Step4 媒介契約を結ぶ

この段階で、いよいよ契約に入ります。

専属専任媒介契約、専任媒介契約、一般媒介契約の中から1つを選び、仲介手数料を確認のうえ支払い方法を決めます。契約書にそれらを明記し、不動産会社と仲介についての契約を結びます。

※専属専任媒介契約、専任媒介契約、一般媒介契約の詳細については、5章○ページを参照してください。

仲介手数料について

不動産会社に支払う仲介手数料は、成果報酬となります。そのため、買主が現れず売買契約が成立しなかった場合には支払う必要がありません。

また物件が売れたかどうかに関わらず、基本的に販売活動にかかった広告などの諸経費が請求されることもありません。

※ただし、売主から依頼した特別な広告に要した費用や、遠隔地への交通費は負担が生じます。

仲介手数料の上限

仲介手数料は、宅地建物取引業法によって費用の上限が定められています。

法律上は定められた金額以内の額を依頼者と不動産会社との話し合いで決めることになっていますが、一般的な取引では宅建業法で指定された上限額を仲介手数料とすることが慣例です。

仲介手数料の支払い方法について

仲介手数料の支払い方法に、決まりはありません。不動産会社によって、契約が成立した時に全額を支払う・または契約成立時に全額の半分を支払い、物件引渡し後に残りの半分を支払うなどさまざまなルールがあります。

あらかじめ支払い方法や時期について、確認をしておきましょう。

仲介手数料の上限額

売買代金が200万円以下の金額	売買代金の5%に消費税を加算した額
売買代金が200万円を超え400万円以下の金額	売買代金の4%に消費税を加算した額
売買代金が400万円を超える金額	売買代金の3%に消費税を加算した額

［註］低廉な空家等（400万円以下の宅地または建物）の売買等の上限は
18万円に消費税を加算した額

売買代金の額が400万円を超える場合の報酬上限額の簡易計算式

報酬上限額 ＝ **消費税抜き売買代金×3%＋6万円**（これに消費税が加算されます）

Step5 販売活動をはじめる

媒介契約を結ぶと、販売活動がはじまります。物件の購入希望者を探すために、不動産会社は物件に合わせた販売方法を選択します。

選ばれる方法はレインズの登録から自社顧客へのアプローチ、住宅情報誌やWEBサイトへの掲載、オープンハウスの設置など多岐に渡ります。本活動による経費は、不動産会社の負担となります。

見学者を迎えるための心構え

購入希望者が物件の見学（内覧）を希望した場合には、担当者から連絡が入ります。先方と日時の調整を行い、日程が決まったら見学者を迎えるための準備をします。住宅の場合には、台所、洗面所、トイレなどの水回りはとくに状態を気にする人が多い部分ですので、丁寧に掃除をしておきましょう。土地の場合にはできる限り、草むしりや不要物を片づけておくのがいいでしょう。

Step6 売主と買主で売買契約書を交わす

契約に際して買主から金額や条件についての要望があった場合には、対応が可能であるか検討し回答します。

契約条件が固まり次第、仲介をしている不動産会社は合意された内容をもとに売買契約書を作成します。条件や追加事項が発生した場合には、口約束ではなく書面にも

販売活動の開始から購入者が契約するまで

購入者が契約するまで

媒介業者は次のような業務を行い、契約の締結から取引の終了までのサポートをします。

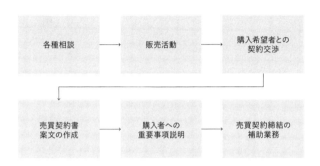

各種相談 → 販売活動 → 購入希望者との契約交渉

→ 売買契約書案文の作成 → 購入者への重要事項説明 → 売買契約締結の補助業務

契約から引っ越しまで

契約から引渡しまで

決済・引渡しの補助業務

契約で約束した業務履行の補助
（境界標設置、測量、補修工事、リフォーム工事等の業者紹介・手配など）

売買代金受領・引渡しの補助

買主の残金支払準備確認、税等分担金精算準備、登記書類確認、引渡し準備確認など記載されているか必ず確認をするようにしてください。

売買契約書は売主と買主、双方の権利や義務が記載された大切な書類です。内容をしっかり把握するようにし、わからない部分があれば担当者に説明を求めてください。

売主と買主が契約を結ぶ

契約の場が設けられ、売主と買主がそれぞれ契約書へのサインを行います。この時に、サインをする前に契約内容の確認をします。通常は担当者が契約書を読み上げて、売主と買主は書類を見ながら最終確認を進めます。

この読み合わせは、合意された内容が契約条項として契約書に記載されているかの確認であり、契約条件を話し合うための場ではありません。契約の当日に新たな契約条件や変更を申し出ることがないように、早い段階から契約書の内容を確認しておくようにしてください。

売買契約後の主な流れと期間

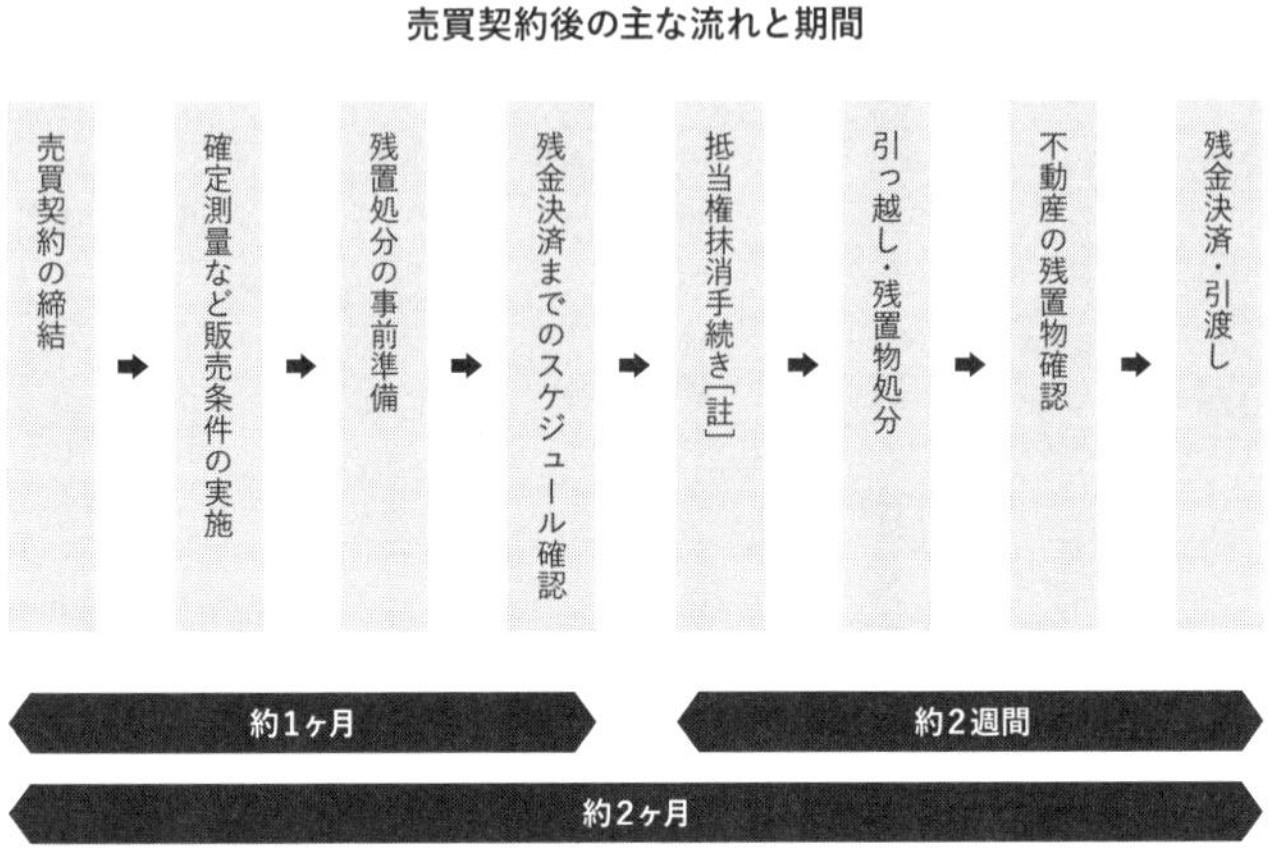

[註]契約上は決済時までに抹消義務がありますが、
実務では決済時に抹消書類一式を引渡して抹消が行われます。

また、契約の際に印鑑での押印が上手くできないかもしれないと、担当者に印鑑を預けてしまうのは危険が伴うため、よくありません。書類の内容をしっかりと確認して、必ず自分で行うようにしましょう。

契約書面を完成させた後、買主から手付け金を受け取ります。

Step7 不動産の引き渡し

売買契約が結ばれた後は、引っ越しの準備に入ります。引っ越し時に残置物があるとトラブルの原因になりますので、処分すべきものは早めにするようにしましょう。

引っ越しの準備は、余裕をもって！

売主の最大の義務は、土地・建物を契約で約束した状態にして引き渡すことです。約束した状態の土地・建物を約束の期日までに引き渡すことができない場合には、契約違反となり責務不履行責任をおうことになってしまいます。

そうした事態を避けるためにも、居住中の建物を売却する場合にはとくに余裕をもって早め早めに準備をするようにしてください。

次ページ図の準備項目のうち、専門家への依頼が必要なものについては、不動産会社の担当者が紹介や手配をします。事前に担当者と内容の打ち合わせしておくことが、引き渡しをスムーズに進めるコツです。

代金決済と物件の引き渡しで注意すべきこと

物件の引き渡し時には売主も立ち会うのが原則ですが、最近では売主の代わりに不動産会社の担当者のみが立ち会うケースも多くなってきました。

この際に買主側は、契約で約束した物件の状態になっていることを実際に見て確認します。

万が一、約束していた修復工事などが引き渡し日になっても未完了・未履行であった場合には、買主の承諾を得て引き渡し日を延期するか、引き渡し後に工事を行う覚書を交わすことになります。こうした状態は大きなトラブルになりやすいため、業者を入れる作業を早めに終わらせるためにも引っ越しや修繕の準備は早めに行うようにしましょう。

引っ越しの準備で、専門家により行われる内容

①土地・建物の登記済証（権利証）または登記識別情報（注）	代金受領と同時に買主に引き渡します。万一、登記済証（権利証）・登記識別情報を紛失している場合、司法書士による「本人確認情報」または「事前通知精度」を利用することになります。紛失していることを仲介業者に伝えてください。
②抵当権等抹消書類	代金受領と同時に登記済証（権利証）とともに買主に引き渡します。抵当権者への返済と抹消書類の受領方法を抵当権者である金融機関等と確認しておく必要があります（実際は司法書士が行うことが多いです）。
③測量、境界標の設置	実測売買等で測量が必要な場合、契約後、直ちに土地家屋調査士・測量士を手配します。境界標の設置も同様です。
④補修工事、リフォーム工事	補修工事等の約束があるときは、一定の工事期間が必要ですので早めに行うことが必要です。
⑤土地・建物書類	建築確認申請時の書類、検査済証、土地測量図等、手元にある関係書類一式を整理しておきます。
⑥不要物の処分	引渡日前日までに撤去・処分を済ませておきます。
⑦付帯設備の動作確認	動作を確認して、不良・故障があれば修理しておきます。修理した場合、買主にその旨を報告しておきます（こちらは仲介業者と行うことをおすすめします）。
⑧告知事項について	過去に事故や事件が発生している物件の場合、契約成立前に瑕疵内容を買主に伝える義務があります。
⑨その他	その他、契約で買主に約束している事項。
⑩登記費用	抵当権抹消等の登記費用を確認しておきます。 当日司法書士に支払います。
⑪仲介手数料	仲介業者と約束した期日に仲介業者に支払います。

［注］登記識別情報とは、2005年の不動産登記法の改正により、登記済証（一般に「権利証」と呼ばれます）は「登記識別情報」という12桁の英数字のパスワードになりました。2005年より前から所有する土地・建物の売却のときは「登記済証」、2005年以降に取得した土地・建物を売却するときは「登記識別情報」を用意しています。

Step8 売却後にかかる税金を知っておこう

不動産の引き渡し・売却後は手続きの一部として、所得税の税務申告や所得税控除のための書類準備終えると、売却のすべてが完了します。

税金について不明な部分があった場合にはそのままにせず、税理士や税務署の相談窓口などに確認をするようにしてください。

物件を売却した後の税金について

土地・建物を売却すると所得税と住民税、さらに復興特別税が加算されます。

売却前にその物件を所持していた期間が、売却した年の1月1日の時点で5年を超える場合には「**長期譲渡所得**」として所得税・住民税が合わせて約20%、それ以外の場合には「**短期譲渡所得**」として約39%の税率で課税されます。

居住用の物件を売却して利益がでた際には、居住用不動産は3000万円の特別控除と、10年を超えて所有している物件に適用される軽減税率の特例があります。

譲渡所得の計算をする際には、建物の取得費に注意が必要です。建物は使用や時間の経過によって価値が減少する資産であるため、取得額から減価の額を引いた金額が取得費となります。

一例として、5000万円で購入した住宅を10年後に5000万円で売却した場合には、譲渡益が0円にはならないことを把握しておく必要があります。

譲渡所得の計算式

不動産を売却したことによって生じた所得を譲渡所得といいます。
譲渡所得がマイナスの場合には課税されることはありません。

譲渡所得 ＝ **譲渡収入金額※1－（取得費※2＋譲渡費用※3）**

※1：土地・建物の譲渡代金、固定資産税・都市計画税の清算金
※2：所得費 次の①、②のうち、大きい金額を使います。
①実額法：土地建物の購入代金と取得に要した費用を合計した金額から、建物の減価償却費を差し引いた金額
②概算法：譲渡収入金額×5%
※3：譲渡費用 売るために直接かかった費用をいいます

課税譲渡所得金額 ＝ **譲渡所得 －（特別控除※4）**

※4：居住用財産を譲渡した場合の3,000万円の特別控除の特例等

税額 ＝ **課税譲渡所得金額×税率（所得税・住民税）**

譲渡益に対する税率は他の所得と分離して、分離課税の税率となり、
対象となる不動産の用途や所有期間により税率が異なります。

REAL ESTATE TROUBLE

知っておきたい豆知識「レインズ」

レインズとは？

レインズ（REINS）http://www.reins.or.jp/とは、国土交通大臣から指定を受けた不動産流通機構が運営している、インターネット上の検索・ネットワークシステムのことです。一般的には不動産流通機構の会員（不動産会社のスタッフなど）が利用しますが、物件の登録を行った際のＩＤとＰＷがあれば一般の方でも専用の確認画面を見ることができます。

レインズWEB画面

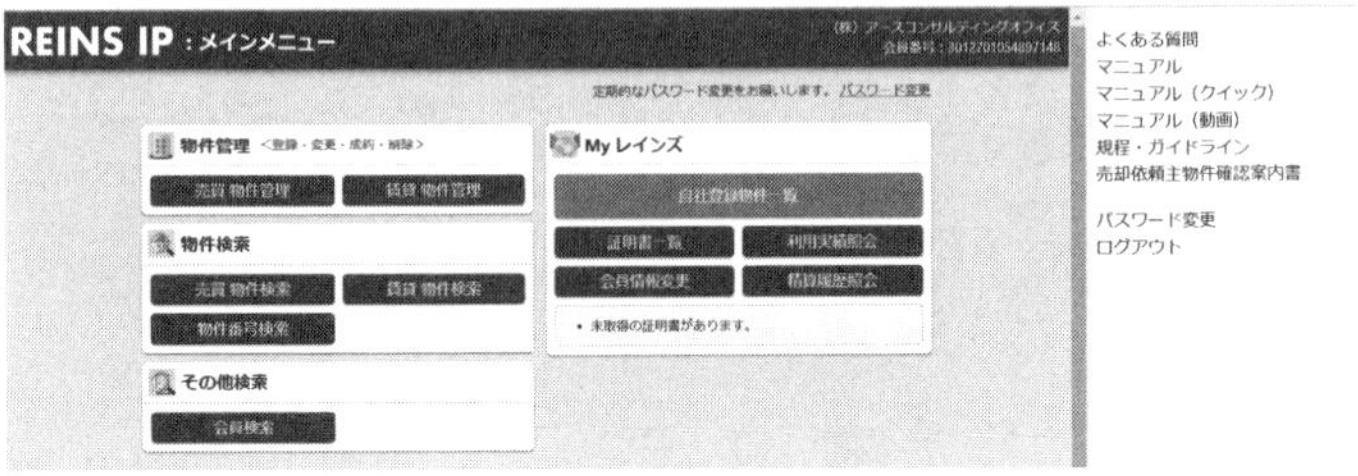

レインズって何をするためのもの？

レインズには現在売買が行われている物件だけでなく、宅建業者の資格をもつ者が過去に取引した成約情報も一部掲載されています。

物件については建物であればリフォームの有無や状態、土地でも周辺情報など詳細に書き込まれます。

WEBページには少々難しい言葉が並びますが、「この不動産の所有者が、売却先を探していま

登録証明書

(宛)(株)アーストータルパートナー
(発)国土交通大臣指定東日本不動産流通機構

2021.09.03

■ 登 録 証 明 書 ■

御依頼の物件は、以下の通り登録されました。

データ種類	売物件	取引状況	公開中
物件種別	売マンション	物件種目	中古マンション
物件番号	300114671078	土地権利	所有権
登録年月日	令和 3年 9月 3日	最新変更年月日	
取引態様	専属	媒介契約年月日	
価格	3,480万円	消費税	万円
管理費	17,600円	修繕積立金	7,040円
専有面積	66.05㎡	面積計測方式	内法
所在地	[redacted]		
マンション名	[redacted]		
所在階	[redacted]	部屋番号	[redacted]
沿線名	[redacted]	最寄駅	[redacted]
		バス 分 歩 7分 歩 m 車 km	
その他交通手段			
間取部屋数	1	間取タイプ	LDK
詳細間取			
築年月	平成12年 6月		
建物構造	RC	地上階層	7階
棟総戸数	戸	地下階層	階
バルコニー方向	南	バルコニー面積	17.27㎡
管理組合	有	管理形態	管理会社に全部委託
管理会社名	[redacted]		
管理人状況	日勤		
駐車場	空有	駐車場月額	円
現況	空家		
引渡時期	相談	引渡	
用途地域	一住		
借地料	円		
図面	有		
商号	[redacted]		
電話	[redacted]		
担当者	[redacted]	連絡先	[redacted]
メール			
備考	リフォーム中、現地付近に鍵有案内や問い合わせは担当者へSMSをください。		

間取タイプ、詳細間取にSが含まれる場合、納戸等を表します。

本物件のレインズ登録内容をインターネット上でご確認頂けます。
【登録内容確認URL】http://www.reins.or.jp/ 【確認用ID】[redacted] 【パスワード】[redacted]

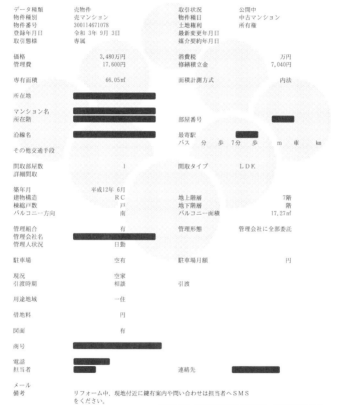

契約の違いによるレインズ

	専属専任媒介契約	専任媒介契約	一般媒介契約
何社に仲介を依頼する?	1社にだけ依頼	1社にだけ依頼	複数社に依頼（1社も可）
媒介契約の期間は?	3ヶ月以内（宅地建物取引業法で定められています）	3ヶ月以内（宅地建物取引業法で定められています）	標準媒介契約約款では3ヶ月以内
レインズへの登録は?	媒介契約締結日の翌日から5日以内（不動産会社およびレインズの休業日は除く）に登録しなければなりません	媒介契約締結日の翌日から7日以内（不動産会社およびレインズの休業日は除く）に登録しなければなりません	登録は可能です
登録証明書の受け取り	登録証明書を不動産会社から必ず受け取ってください	登録証明書を不動産会社から必ず受け取ってください	登録証明書を不動産会社から必ず受け取ってください
依頼した物件のレインズ情報を確認できる?	○（売却依頼主向けIDとパスワードを使用）	○（売却依頼主向けIDとパスワードを使用）	○（機構事務局へ問い合わせください）

［出典］REINS TOWER ホームページ

す」と、公に告知するためのものだと思ってください。

専属専任媒介契約もしくは専任媒介契約を結んだ物件では、決められた期間以内に担当者がレインズに所定の項目を登録しなければいけない決まりがあります。登録が完了すると証明書が発行されますので、必ず内容の確認を行うようにしましょう。

専属専任媒介契約では5日以内
専任媒介契約では7日以内

……に、レインズへ登録し登録証明書を交付することが義務づけられている。
（不動産会社とレインズの休業日は除く）

一般媒介契約でもレインズへの登録は可能ですが、宅建建物取引業法上の義務ではないため、希望する場合には売主側から不動産会社へ依頼をする必要があります。またこの場合には、売主用のＩＤとＰＷが発行されません。自分で直接、不動産流通機構へ問い合わせをすることになります。

なぜレインズの確認が必要なの？

以前に私たちの元へ「複雑な権利関係をもつ土地を売りたいと思い、不動産会社Ａ社に専属専任媒介契約で依頼をしたが、どうも販売に向けて積極的に動いてくれているように見えない」と、セカンドオピニオンの相談に来てくださったお客さまがいました。

詳しくお話をうかがうと抵当権が複数ついている土地で、売却を希望するのであればまずは抵当権の抹消手続きから動くべきと思われるケースでした。

そこで当相談室では、現在担当している不動産会社に確認をしてもらいたい項目をリストにまとめ、お客さまにお渡しすることにしました。

後日、ご報告にお越しくださったお客さまから聞いたところでは、「担当者にとって未経験の案件であったため、後回しにしているうちにレインズへの登録を失念してしまった」と不動産会社から報告を受けたとのことでした。

この件では現状のまま売却を目指すのは不安が残るとのことで、当相談室で売却を引き継ぎしかるべき手続きを行ったところ、無事に希望額で不動産の売却が成立しました。

このように「決まった日程で、ルール通りにレインズへの登録が行われているか」を売主側からチェックすることが、不動産会社の姿勢を知ることにもつながります。

レインズへの登録や登録証明書の説明について、もしも担当者に質問をしても明確な回答が得られない場合には、セカンドオピニオンを行なっている不動産会社へ相談をしてみるのも1つの手です。

他社へ相談したことが、もともと依頼していた会社に知られてしまうことはありませんので、安心して不安を解消していただきたいです。

各地のレインズ登録先

全国版・REINS TOWER www.reins.or.jp/ ※一般向けも兼用
近畿レインズ www.kinkireins.or.jp/
西日本レインズ www.nishinihon-reins.or.jp
中部レインズ www.chubu-reins.or.jp

第6章

不動産のセカンドオピニオンを活用しよう!

REAL ESTATE TROUBLE

価値の高い不動産・複雑な不動産だからセカンドオピニオンが必要

不動産のセカンドオピニオンとは？

「セカンドオピニオン」とは、納得のできるより良い決断をするために、現在の担当者とは別の専門家から「第2の意見」を求めることです。知識をもつ専門家が先入観のない視点で改めて相談に乗ることで、現在不安を感じていることや理解しきれていなかった部分を解消することもできます。

目的はあくまで、「相談をして、決断へのサポートを受けること」です。

新しい選択肢を知る、不安な気持ちを吐き出して気持ちを整理する、自分のとった選択が正しいものだったのかを確認してもらう……。ご自身の状況に合わせて、利用することが可能です。

医療の場や弁護士・司法書士などの法律関連では、すでにこのセカンドオピニオンの考え方が浸透してきています。

当相談室では不動産にこそ、気軽に相談ができる〝セカンドオピニオンの場〟が必要であると考え、不動産にお困りならどなたでも何度でもお越しいただける場である『不動産あんしん相談室』を立ち上げました。それは私たちが、**お客さまに正しい知識をもとに解決方法を選択してほしい**という想いを持っているからです。

不動産がらみの問題が起きると、独特の専門用語や数多くの法律が関係してくるため、専門家によっても判断がまちまちで、解決策が異なる場合があります。そうした複雑な不動産に関する問題について、たった1つの専門家に相談するだけで満足のいく解決策が得られると考えるのは危険が伴います。不動産は大事な、そして価格も大きな資産です。セカンドオピニオンを活用し、最善の解決策を模索することが、後々の生活にも大きな影響を与えるでしょう。そうした時に、皆さんの立場に立って分かりやすく説明をしてくれ、選択肢を提示してくれる専門家がいたら、不動産取引に対する不安も解消され、納得のいく取引ができると思います。

当相談室のセカンドオピニオンサービスは、ご相談だけでもＯＫですが、セカンドオピニオンや相談の場を提供している不動産会社によっては、相談と称してそのまま契約に結びつけようとする場合もありますので、その点もご確認の上で相談をするようにしましょう。

どんな時に、セカンドオピニオンを使ったらいいの？

不動産の問題を抱えている時には、あわせて介護や相続、離婚、お金の問題など、他のお悩みも抱えた状態であることがほとんどです。そうした方が私たちのところに相談に来られた時には、元々抱えている問題で疲れ果てていて「もう何かを考える元気もないです」とおっしゃられる方がとても多いのです。

人生のなかでもつらい時期を過ごされているのですから、混乱して精神的に厳しい状態になっているのは当たり前のことです。そうした時に日頃接することのない、専門性の高く難しい不動産の問題を、「今の自分にベストな選択は何だろう？」とじっくり考えるのは難しいに決まっています。

どうしても手をつけられずにそのままになっている不動産の悩みがあったら、まず専門家に相談することをおすすめします。なかには事情をすべて話すことに躊躇される方もいらっしゃいますが、私たちは相談に来られた方が話せる範囲で状況を伺い、私たちがこれまで扱ったたくさんの事例から、状況が近いケースを選び、解決策をご紹介しています。もしも弁護士や司法書士など、法律の専門家が関わった方がいいと判断した場合には、その問題に対して経験が豊富な専門家をご紹介してくれるケースもあります。当相談室でも提携している弁護士や司法書士の紹介を行っています。

また、相談者のなかには、ただ自分の状況を誰かに話すだけでも、「誰にも不安を言えなかったので、楽になった！」「状況の整理ができて、落ち着きました」と、張り詰

☑ 複数の悩みを抱えていて、不動産のことまで手が回らない

☑ 相談する人ごとに違うことを言われるので、何が正しいか分からなくなってしまった

☑ 提示されている不動産についての契約内容、諸費用が妥当か判断できない

☑ 相続した不動産の処分方法が、予定しているもので合っているか確認したい

☑ 他の不動産会社にも相談しているが、念のため他社の意見も聞いてみたい

ダミーダミー▼△▼

めた表情が柔らかくなって帰られる方もいらっしゃいます。

このような疑問や質問、お悩みがあった時には抱え込まずに気軽にセカンドオピニオンを活用することが、もっとも満足のいく解決につながると思います。

次項からは、不動産のセカンドオピニオンはどのような時に使ったらいいのか、参考までに当相談室へ実際に寄せられたご相談を事例としてご紹介していきます。

セカンドオピニオン活用事例

事例1　不動産の売却価格が最適か知りたい

地元業者に売却を依頼してすでに半年が経つが、「すぐに売れるはずです！」と言われたのになかなか売却できない。本当に売れる価格がついているのか、確認してほしい。

↓Sさんは自宅を早急に売りたい事情をお持ちで、不動産業者に売却を依頼したが、なかなか売却が決まらない状態に不安を抱えて、相談をされました。

当相談室で調査をしたところ、地元業者とは「専属専任媒介契約書」を締結していたにもかかわらず、「レインズ」という不動産業者間で情報を共有するためのシステムへの登録がされていないことが判明しました。

Sさんが心配していた売り出し価格については適性範囲内だったため、レインズ登録を不動産会社に促す旨をアドバイスしたところ、ほどなく無事に成約に結び付きました。

事例2　契約内容が妥当なのか判断できない

売却の売買契約をする予定だが、不動産会社の担当者からタイトなスケジュールでの引っ越しを指示され、おかしいと思った。急ぐ理由があり、契約内容になにかあるのではないか、本当にこの契約をしてもいいのか不安になった

↓Nさんはご主人を亡くされて、息子さんと二人暮らし。

子育てをしながらお一人で働き、なんとか数年は生活費と住宅ローン、子どもの学費を捻出していました。しかし住宅ローンの支払いが家計を圧迫してしまい、母親の介護まで重なったことから家を売却するという苦渋の決断をされました。

地元の不動産会社に相談したところ、幸い約3カ月で買主が見つかりました。けれども、まだNさんの引っ越し先が見つかっていないのに、担当者がほとんど勝手に取引日と決済日を決めてしまったそうなのです。

次の家が決まっていないのに、Nさんとお子さんはその日までに出て行かないといけません。

そうして担当者に半ば強引に契約を進められたことで、「自分達のことを考えてくれていないのではと、不安になった」と話されていました。

当相談室では契約内容の精査と現地状況などを調査して確認したうえで、売買価格と諸費用は妥当であり問題がないことをお伝えしました。私たちはお客様の気持ちを伺う相談相手としてお話を聞いていましたが、やはりどうしても担当者と信頼関係が築けないと最終的に売買契約締結前だったため契約をキャンセルされることになりました。

その後は当相談室で物件の販売を担当することになり、無事に売却先を見つけることができました。引っ越し先もNさんが納得ができるまで一緒に探し、息子さんと2人で笑顔で新居に移っていかれました。

事例3　離婚時に共有財産を売却することが最善なのか知りたい

離婚が決まり弁護士に相談したところ、〝共有財産である自宅を売却して住宅ローンを返済し残った現金を財産分与する〟よう指示された。しかし自宅に継続して住みたいので、リースバックも検討したい。

↓Oさんは、ご主人との性格の不一致で離婚を決意。子どもが2人いるため、できればそのまま自宅に住み続けたいという思いがありました。けれども、自宅はご主人名義の住宅ローンであるため、離婚後もご主人との縁が切れないことを懸念されていました。

弁護士からは共有財産を分割するため自宅の売却を提案されたのですが、どうしても自宅を残したいと考えインターネット検索をしていたところ当相談室にたどり着いたとのこと。リースバック制度が気になるとご連絡をいただき、面談をすることになりました。

詳しくお話を聞くとOさんも会社員として勤務されていたため、ご自身名義で住宅ローンを組み替えてそのまま住み続けることができる可能性もあるとお伝えしました。弁護士はもちろん、ご主人も納得され、無事にOさんの住宅ローン申請も通ったことで、希望通り自宅にそのまま住み続けられるようになりました。

事例４　住宅ローン未払いによる競売を免れたい

住宅ローンが払えなくなって、支払いの滞納をしている。もうすぐ競売になるかもしれないので、売却するかリースバックにするか相談にのってほしい。

↓Ｈさんは住宅ローンを滞納しており、それによって金融機関へのローンの分割払いをする権利が失われ、残債の一括支払いを請求する通知が届いた段階でした。競売が近付いていると焦っていらっしゃいましたが、実際に競売になるまではまだ時間があることをご説明し、安心していただいてから面談を開始しました。

現状からＨさんの取れる選択肢としては、以下の３つが考えられます。

①売却して引っ越す

②リースバックでそのまま住み続ける
③リースバック後に、自宅を買い戻す

お話を伺っていると、「高齢の両親と子供がいるので、できればそのまま自宅に住み続けたい」とのこと。

ご自宅の価格を綿密に調査させていただいたところ、住宅ローンより売却できる価格が高いことが判明しました。

また5年後には社会人3年目になる息子さんがいたことから、「いったん当相談室で自宅を買取り、家賃としてリース代を5年間支払ってもらい継続して自宅に住み続ける。その後は息子さんの名義で住宅ローンが組めれば、自宅の買戻しも可能になる」と3番目の例をご提案。すると、自宅を取り戻せることに驚きながら、こちらのパターンをご選択されました。

Hさん一家には「現実的な提案のできる、不動産トラブル解決のプロならではのサービスだ」と喜んでいただき、今は家族全員で自宅の買い戻しを楽しみに過ごされて

います。

事例5　自宅の売却を急いでいるのに、なかなか決まらない

住宅ローンが払えなくなったので他社に相談したところ、「自宅を売りに出せば、すぐに売れます！」と言われた。けれども、２カ月間一向に動きがない。

↓Ｅさんは住宅ローンが支払えなくなってすぐに、不動産業者に相談されました。そして２カ月も前に「専属専任媒介契約書」を締結し、販売を任せたとのこと。しかしながら一向に動きがなく、担当者から定期的にあるはずの報告もまったくないため不安になって弊社に相談をされました。

競売のリミットが近づいていることもあり、当相談室ではすぐさま内容の調査を開始しました。すると、販売中のはずの物件が「レインズ」に登録されていません。

改めて不動産の債権内容を調査すると、住宅ローン以外にも税金と消費者金融の差し押さえが入っていました。

Eさんには住宅ローンの返済以外に、この2件の差し押さえの抹消交渉をしないと買い手がつかないことを説明しました。現在の担当者からそのような説明は受けていなかったとのことで、とても驚いていました。

どうやら契約をしたのが任意売却に精通していない不動産業者だったようで、事情を先方にお伝えいただき、円満に契約を当相談室に切り替え、ほどなく任意売却を成約しました。

事例6　共有持分の揉め事を穏便に解決したい

共有持ち分の問題で、揉めている。弁護士に相談したほうがいいのか、他に解決策があれば教えてほしい

↓共有持ち分のトラブルでお悩みの方が、本当に増えています。

Iさんはご両親が亡くなった後、兄弟3人で自宅を相続しました。

法定相続分の通り、持ち分1／3ずつとし、自宅の売却をして現金を分ける方針でいました。

しかし兄弟のうちその自宅に住んでいる長男1名だけが、売却に反対したため売りたくても売れない状態になってしまったとのこと。

現在の状態では資産の活用もできず、固定資産税の支払いも1／3ずつ発生するため、長男以外にはデメリットばかりになってしまいます。

話し合っても平行線のままどうにもならず、誰に相談したら良いかもわからずお困りの状態でした。弁護士にも相談しましたが、裁判するしかないと言われてしまったそうです。

「兄弟間でそこまで揉めたくはないので、何かいい方法を知りたい」とご相談を受けました。

共有持ち分のトラブルの場合には、次の3択が解決方法となります。

①自分の共有持ち分だけ、他の共有者に売却する
②他の共有者から、持ち分を買い取る
③自身の持ち分を第三者に売る

Fさんの場合は、兄弟関係が疎遠になっており①と②を選択するのは難しい状態でした。そこで、当相談室で持ち分に対する価格を提示し、買取させていただきました。

その後、弁護士を交えて他の共有者二人と話し合いを重ね、それぞれの持ち分も当相談室で対応させていただくことになりました。

事例7　借地権付き建物の買い手がつかない

借地権付き建物を持っているが、売りたくてもまったく売れる気配がない。どうしたらいいか教えてほしい

↓Dさんは平成5年に定期賃貸借契約で50年の借地契約をして、その上に自分たちが住む家を建てました。

その後、家族構成が変わったこともあり引っ越すことを決め、不動産会社で売り出しを開始。けれども売れる気配がないので困っているとのことで、詳細をヒアリングしました。

地主に預ける保証金は500万円で、毎月の地代支払いは21000円とのこと。周辺の売り出し物件と比較するとDさんの物件が見劣りする訳ではないのですが、借地であることや保証金の金額がネックになっていそうでした。

当相談室は、以下の提案を行いました。

①借地権付き建物で、今より売り出し価格を下げて売却する
②地主に建物を買い取ってもらう
③地主と交渉し、自身で底地を購入する

借地権のついた住宅の場合、日本ではどうしても建物の耐用年数の問題から価値が低いとみなされてしまうことが少なくありません。

借地権付き建物を購入してくれる人を探すことができれば良いと思うのですが、保証金の存在もあり希望する価格で売却するのは難しいのが現状です。どうしても買い手が決まらない場合には、地主へ何らかの交渉をすることが必須になってきます。

建物を引き取ってもらう、次に購入される方の保証金を下げてもらう、名義書き換え料を減額してもらうなど、何かしらの対策が必要である旨をアドバイスしたうえで、提携している弁護士に間に入ってもらい地主との交渉を開始しました。その結果、地主に建物を買い取ってもらえることになり、円満に交渉が完了しました。

事例8　相続人が多数存在し、話し合いによる解決ができず相続人が増え続けていた事例

弁護士　磯部たな

相続人が約30名いる。遺産分割協議書を作成し、相続人らに署名・押印を依頼していたが、一部の相続人が署名・押印を拒否している。また、代襲相続人の中には連絡

をとったこともない人がいる。
→Ｉさんは、夫が亡くなり、夫名義の不動産及び預貯金が相続財産として遺されました。そこで、不動産を自分名義とし、預貯金を他の相続人に代償金として分配する形での遺産分割協議を行いたいと考え専門家に依頼したものの、数名の相続人から遺産分割協議書に署名してもらえない他、数名の相続人とは連絡が取れず、数年進展しないということで、ご相談にいらっしゃることになりました。

相続人を確定するために戸籍を取り寄せてみたところ、この間に次々と代襲相続が発生しており、相続人は会ったこともない被相続人の兄弟の孫を含め、３０名ほどに上ることが判明しました。

Ｉさんの希望は、長年居住している夫名義の不動産を自分名義に変更したいということでした。また、高齢であったので、できるだけ早期に解決をしたいということでした。

そこで、まずは相続人に対して相続に関する案内を送付し、Ｉさんの遺産分割の方針について説明することにしました。実際に何度か説明会を開催し、多数の相続人からはＩさんの方針で協力して進めていきたいと理解を得ました。他方、数名の相続人と連絡がとれない状況は解消されなかったため、遺産分割協議の調停を申立てることにしました。

遺産分割協議調停の中では、Ｉさんが長年居住している不動産を自身名義にしたいこと、その代わり他の相続人には代償金を支払う意向であることを伝えました。また、不動産については、固定資産税評価で評価して、できるだけＩさんの負担にならないようにと主張しました。最終的に、調停申立後3回目の期日で審判に移行し、裁判所はＩさんの意向を汲み、Ｉさんが不動産を取得し、他の相続人には相続分に応じた代償金を支払うという決定を行いました。そして、Ｉさんは無事、同決定に基づき不動産名義を自身のものとし、他の相続人に対してはそれぞれ預貯金から代償金の支払いを行い解決しました。遺産分割協議による解決は、相続人全員の合意が得られなければ成立しないので、直ちに遺産分割の審判を見据え、遺産分割調停を申し立てたことが功を奏しました。また、調停申立前に説明会を開催したことで、Ｉさんと疎遠になっていた他の相続人の方々がよく事情を把握し、Ｉさんに対して協力的になってくれたことも、早期解決へ役に立ちました。

事例9　離婚したいが、配偶者が離婚に応じてくれない

弁護士　磯部たな

夫が事業の赤字で借金を繰り返している。財産がなくなる前に離婚をして、老後の生活資金を確保したいが、夫が離婚に応じてくれない。

↓Tさんは、夫がTさんも共有で持分を有している不動産（ビル）を担保に借金を繰り返し、また新たな借金の保証人にしようとしているため、離婚を希望されていましたが、夫と同居していて離婚も拒否されている状態でした。弁護士に相談しても妻側から離婚できる材料がないと言われ、困っていました。

そんなTさんが、なんとかできないものかと無料の相談会にいらっしゃったことが

きっかけで、私はTさんの依頼を受けることになりました。

Tさんの夫は、自身が保有するビルで事業をしていましたが、経営は赤字続きで、借金がかさみ、この状況が続けば、ビルに抵当権が設定されて財産価値がなくなってしまう状況にありました。そのため，一日も早く離婚して、財産分与を行うことでTさんの老後の生活資金を確保することが大切だと思い、まずは別居をした上で、夫を一緒に説得するよう計画しました。

しばらくして、Tさんから「別居することができた」と連絡があり、一緒に夫の説得へ向かいました。これ以上赤字を増やしても双方にとってよくないこと、離婚をしてビルを売却して残りの人生を豊かに暮らしていくことが双方にとって幸せなのではないかと提案しました。はじめは夫も離婚には応じないの一点張りでしたが、交渉を続けるにつれ、条件によっては離婚に応じると態度が変わりました。しかし、交渉では条件が十分整わなかったこと、また後々覆されることがないよう、調停にステージを変えて話し合いを行うことにしました。

調停では、調停委員を通じて、Tさんがこれまでいかに子育てを頑張ってきたか、夫の事業を手伝ってきたか、また、これ以上事業を継続して借金を増やすよりも、資産価値のあるビルを売却して老後の生活資金を確保することが、いかに双方にとってメリットがあるかを伝えました。離婚後のことを心配する夫に、離婚後も何かあった時には助け合うといった条項を離婚の合意条件に入れることを提案しました。

最終的に、ビルを売却し、売却益を2分の1ずつ財産分与として分け、持分に応じた債務を支払うことで合意に至りました。この際、Tさんの方が元々の不動産の持分が少なかったため、元々の持分のまま不動産を売却した後に財産分与を行い、Tさんにかかる譲渡所得税を少なくしたり、債務も持分割合に応じて払うことにして、Tさんの取り分が多くなるよう工夫しました。ビルの売却についても、様々な不動産会社に声をかけたこともあり、高値で売却することができ、Tさんは無事に、老後資金としてまとまったお金を手にすることができました。

事例10　多重債務で住宅ローンの返済が難しい

弁護士　亀井千恵子

金融機関や消費者金融からの多額の借金に加えて、住宅ローンの返済も残っている。なんとか自宅の不動産は残す形で債務整理したい。

↓Yさんは、金融機関や消費者金融から多額の借金がある上に、自宅の住宅ローンも返済中でした。そうしたなか、体を悪くし勤務先を退職することになり、求職活動をすることになりました。

このままでは借金が返済できなくなる。なんとか自宅の不動産は残す形で債務整理できないかと、いくつかの弁護士事務所に相談をしてみたものの難しいと言われてしまい、私のところに相談に来られました。

Ｙさんの話を聞いてみると、就職先ももうすぐ決まるということでしたから、住宅ローンはこのまま返済し、自宅を残しつつ、その他の債務について返済額を大幅に圧縮する個人再生（住宅資金特別条項あり）を申し立てることを提案し、Ｙさんもそれを受け入れ、準備していくことになりました。

ところが、せっかく決まった再就職先を体調面の問題から再び退職せざるを得なくなってしまったのです。住宅ローンの返済さえ覚束なくなり、このまま個人再生を申し立てたとしても、裁判所で決められた返済額について原則3年で完済することが可能であるという「履行の可能性」という要件を満たせないため、個人再生は認められない。

再度Ｙさんとじっくり話をしたところ、Ｙさんの見込みでは今後、債務を返済していくことはとても厳しいだろうということでした。その中で考えられる対策をいくつか提案する中で、Ｙさんは自宅不動産を思い切って手放し、自己破産の申し立てを決断されました。

そうなると、仮に自宅不動産を所有したまま自己破産を申し立てた場合、その後に裁判所から選ばれる管財人弁護士に不動産を売却されることになり、管財人の手間がかかるためその分管財人費用が多くかかります（管財人費用は基本的に自己破産を申し立てた本人が最低限準備する必要があります）。

そこで、自己破産申し立て前に自宅を任意売却することにしました。Ｙさんに不動産業者をご紹介し、住宅ローン債権者の同意を得た上で、無事に任意売却ができました。このケースでは、かろうじてオーバーローンではなかったため、売却代金の余剰金の一部を破産申し立て費用や未払だった固定資産税に充てることもでき、無事に破産申立に至りました。紆余曲折ありましたが、最終的にＹさんも公的な収入を得ることができるようになり、その後は安定した生活を送れています。

事例11　離婚時に夫と妻の意見が合わず財産分与の協議が進まない

弁護士　前嶋幸子

離婚することは決まっているが、離婚後に夫と妻、どちらも今の家にそのまま住みたいと考えていて、財産分与の協議が進まない。妻は夫に家を出てもらい、自分が家に住み、いずれは子どもに譲りたい。

↓離婚後も同じ家に住み続けるか、売却するかは、経済的な面において決断することが難しいのはもちろんのこと、夫婦間で意見を合致させることも難しいです。

離婚後に子どもを養育していく妻（もしくは夫）は、子どものためにもそのまま住み続けたいが、独り身になる夫（もしくは妻）は、不動産を売却し、現金化する方が良いと思っているケースや、既に子どもは成人し、家を出ているが、妻（もしくは夫）がいつか子どもに譲ってあげたいから手放したくないと思っているケースなど、様々な理由により夫婦間で意見が合致しないということがよくあります。

Ａさんは、既に子どもが成人して家を出ていて、自宅に住み続ける夫とは別居していました。離婚することは早々に決まっていたようですが、夫は引っ越しが面倒だからそのまま住み続けたい、Ａさんは夫に自宅から出てもらい、自身がそこに住みたい、そしていずれは子どもにその自宅を譲りたいと主張しており、財産分与の協議が暗礁に乗り上げている状況でした。私がＡさん側の代理人に就くと、その後、夫側にも代理人が就き、代理人間で財産分与の協議を進めることとなりました。

客観的に見ると、売却して売却益を分けた方が双方納得できるのではないかという状況ではあったのですが、Ａさんは自身で取り寄せた自宅の査定額を根拠に、その程度の価格でしか売却できないのであれば、財産分与として、夫に対価を支払ってでも、自身が住み続け、いずれは子どもに譲りたいという思いが強かったのです。

そこで、当該不動産の価値を把握するために、複数の不動産会社に改めて査定を依頼したところ、想定よりもはるかに高額で売却できる可能性が浮上しました。

Ａさんに高額売却の可能性があることを伝えたところ、新たに人生を歩みだすためにも自宅を手放してもよいのではないかと考えるようになりました。

夫側も高額売却が可能なのであれば、引っ越すこともやぶさかではないようでした。

不動産会社にも本件の特殊事情を理解いただいた上で、少しでも高額で売却できるよう、尽力いただき、最終的には、当事者双方が納得する金額で売却をすることができました。

依頼者は、この売却益を元手にして、人生の再スタートを切ることができたことをとても喜んでいました。

おわりに

本書を最後までお読みいただき、ありがとうございました。

本書では、私たちのもとに寄せられるよくある不動産トラブルについてお伝えしてまいりましたが、トラブルの原因、その解決策など、ご理解いただけたでしょうか。

不動産は、不動産そのものが複雑というだけでなく、さまざまな法律やルールが絡んでくるため、それらすべてを理解することは、とても大変です。

もしトラブルに遭遇してしまった場合は、専門家を頼ることが解決への近道だと考えています。

本書の冒頭でもお伝えしたとおり、不動産の専門家、法律の専門家など、不動産に関わる知識に深く精通していて、相談者の悩みに親身になって応えてくれる、そういった専門家に巡り合うことができれば、ご自身が完璧な知識をもっている必要はありません。

頼りになる専門家に巡り合うためにも、ぜひセカンドオピニオンを活用してほしいと思います。不動産は価格が価格なだけに、人生の行く末を大きく左右することもあります。衣食住の〝住〟は、安心に暮らしていくための拠点であり、生活に欠かせないものですから、安易に決めず、自分が納得できる形で物事を進めていくことを大切にしてもらえたらと思います。

また、巻末には不動産に関する無料相談を読者特典として付けています。もし、不動産に関するお困りごとがございましたら、最初のご相談、セカンドオピニオン問わず、ご活用いただけたらと思います。

本書をお読みいただいた方が、不動産トラブルにあったとしても、平穏無事に解決できることを願っています。

最後に、本書を執筆するにあたって事例の共有をいただいたパートナー専門家で弁護士の磯部たな先生、亀井千恵子先生、前嶋幸子先生には、大変お世話になりました。この場を借りて、心から御礼申し上げます。

読者特典

不動産トラブルにお悩みの方に向けて、
下記の特典をご用意しました。
お困りごとがあれば、ぜひご活用ください。

・不動産トラブル　無料相談（1時間）
・セカンドオピニオン　無料相談（1時間）
・査定書発行無料

※特典の中の無料相談については上記のいずれか1つ、1回のみの使用可

https://anshin-soudan.net/benefit/

※読者特典は予告なく終了することがあります

［著者略歴］

一般社団法人 不動産あんしん相談室

（いっぱんしゃだんほうじん ふどうさんあんしんそうだんしつ）

多種多様な不動産を取り扱う中で得た正しい専門知識と固定概念にとらわれない発想で、様々な不動産トラブルを解決することを得意とする。「正しい知識とノウハウ（技術）で、お客様に後悔しない選択をして喜んでいただくこと」をモットーに、住宅ローン不払い問題、離婚による不動産トラブル、共有持分トラブル、相続トラブル、借地権問題など、様々なお客様の悩みを信頼できる弁護士や税理士などのパートナーと協働で解決に導いている。また、トラブルの解決法がわからない、情報の正確性がわからないというお客様に対して、中立的な立場からアドバイスを行う、お客様に寄り添ったセカンドオピニオンサービスは、多くの人に支持されている。

［執筆協力］

弁護士　磯部たな
弁護士　亀井千恵子
弁護士　前嶋幸子

不動産《ふどうさん》のセカンドオピニオン活用術《かつようじゅつ》

2023年4月21日　初版発行

著　者　一般社団法人 不動産あんしん相談室

発行者　小早川幸一郎

発　行　株式会社クロスメディア・パブリッシング
〒151-0051 東京都渋谷区千駄ヶ谷4-20-3 東栄神宮外苑ビル
https://www.cm-publishing.co.jp
◎本の内容に関するお問い合わせ先：TEL（03）5413-3140／FAX（03）5413-3141

発　売　株式会社インプレス
〒101-0051 東京都千代田区神田神保町一丁目105番地
◎乱丁本・落丁本などのお問い合わせ先：FAX（03）6837-5023
service@impress.co.jp
※古書店で購入されたものについてはお取り替えできません

印刷・製本　株式会社シナノ

　ISBN978-4-295-40489-7　C2034